FRENCH CONVERSATION
MADE NATURAL

Engaging Dialogues to Learn French

1st Edition

LANGUAGE GURU

ISBN: 978-1-950321-34-6

Other Books by Language Guru

English Short Stories for Beginners and Intermediate Learners
Spanish Short Stories for Beginners and Intermediate Learners
French Short Stories for Beginners and Intermediate Learners
Italian Short Stories for Beginners and Intermediate Learners
German Short Stories for Beginners and Intermediate Learners
Russian Short Stories for Beginners and Intermediate Learners
Portuguese Short Stories for Beginners and Intermediate Learners
Korean Short Stories for Beginners and Intermediate Learners

Fluent English through Short Stories
Fluent Spanish through Short Stories

English Conversation Made Natural
Spanish Conversation Made Natural
German Conversation Made Natural
Italian Conversation Made Natural
Russian Conversation Made Natural
Portuguese Conversation Made Natural
Korean Conversation Made Natural

TABLE OF CONTENTS

INTRODUCTION

We all know that immersion is the tried and true way to learn a foreign language. After all, it's how we got so good at our first language. The problem is, it's extremely difficult to recreate the same circumstances when we are learning our second language. We come to rely so much on our native language for everything, and it's hard to make enough time to learn the second one.

We aren't surrounded by the foreign language in our home countries. More often than not, our families can't speak this new language we want to learn. Plus, many of us have stressful jobs or classes to attend. Immersion can seem like an impossibility.

What we can do, however, is to gradually work our way up to immersion, no matter where we are in the world. The way we can do this is through extensive reading and listening. If you have ever taken a foreign language class, chances are you are familiar with intensive reading and listening. In intensive reading and listening, a small amount of text or a short audio recording is broken down line by line, and every new word is looked up in the dictionary.

Extensive reading and listening, on the other hand, is quite the opposite. You read a large number of pages or listen to hours and hours of the foreign language without worrying about understanding everything. You look up as few words as possible and try to get through material from start to finish as quickly as you can. If you ask the most successful language learners, you'll find that the best results are delivered not by intensive reading and listening but, rather, by extensive reading and listening. Volume is exponentially more effective than total comprehension and memorization.

If you cannot understand native French speakers, it is precisely because of a lack of volume. You simply have not read or listened enough to be able to instantly understand people like you can in your native language. This is why it's so important to invest as much time as possible into immersing yourself in native French every single day.

To be able to read extensively, you must practice reading in the foreign language for hours every single day. It takes a massive volume of text before your brain stops intensively reading and shifts into extensive reading. Until that point, be prepared to look up quite a few words in the dictionary.

This book provides a few short French-language dialogues that you can use to practice extensive reading. These conversations were written and edited by native French speakers. They use 100 percent real French as used by native French speakers every single day.

We hope these dialogues help build confidence in your overall reading comprehension skills and encourage you to read more native material. We also hope that you enjoy the book and that it brings you a few steps closer to extensive reading and fluency!

HOW TO USE THIS BOOK

To better simulate extensive reading, we recommend keeping things simple and using the dialogues in the following manner:

1. Read each conversation just once and no more.

2. Whenever you encounter a word you don't know, first try to guess its meaning by using the surrounding context before going to the dictionary.

3. After completing the reading for each chapter, test your understanding of the dialogue by answering the comprehension questions. Check your answers using the answer key located at the end of the book.

We also recommend that you read each conversation silently. While reading aloud can be somewhat beneficial for pronunciation and intonation, it's a practice aligned more with intensive reading. It will further slow down your reading pace and make it considerably more difficult for you to get into extensive reading. If you want to work on pronunciation and intonation, a better option would be to speak to a tutor in the foreign language so that you can practice what you have learned.

Memorization of any kind is completely unnecessary. Attempting to forcibly push new information into your brain only serves to eat up your time and make it that much more frustrating when you can't recall the information in the future. The actual language acquisition process occurs subconsciously, and any effort to memorize new vocabulary and grammar structures will store this information only in your short-term memory.

If you wish to review new information that you have learned from the dialogues, several other options would be wiser. Spaced Repetition Systems (SRS) allow you to cut down on your review time by setting specific intervals in which you are tested on information to promote long-term memory storage. Anki and the Goldlist Method are two popular SRS choices that give you the ability to review whatever information you'd like from whatever material you'd like.

Trying to actively review everything you learned through these conversational dialogues will slow you down on your overall path to fluency. While there may be an assortment of things you want to practice and review, the best way to go about internalizing new vocabulary and grammar is to forget it! If it's that important, it will come up through more reading and listening to other sources of French. Languages are more effectively acquired when we allow ourselves to read and listen to them naturally.

With that, it is time to get started with our main character Jules and his story told through 29 dialogues. Good luck, reader!

CHAPITRE 1 :

CHANGER DE FILIÈRE

(Jules s'est rendu au service d'information et d'orientation universitaire afin de changer de filière.)

Jules : Je ne sais pas vraiment quel métier choisir.

Conseiller : Et c'est tout à fait normal. Nous sommes nombreux à chercher notre vocation.

Jules : Et bien, je peux vous dire que, dans mon cas, ce n'est certainement pas la chimie. J'avais de très bonnes notes dans cette matière au lycée, mais je ne pense pas pouvoir travailler dans ce domaine toute ma vie.

Conseiller : J'aimerais pouvoir vous aider à identifier votre véritable passion. Si je le pouvais, ce serait beaucoup plus facile pour vous de choisir votre filière et votre carrière, n'est-ce pas ?

Jules : Vous avez vraiment besoin d'une boule de cristal sur votre bureau !

Conseiller : Oui, ce serait pratique, n'est-ce pas ? Je pourrais également venir au travail, vêtu d'une robe et d'un chapeau de sorcier.

Jules : Absolument. Pour le moment, je pense que je vais changer de filière pour étudier l'histoire, et faire un petit travail d'introspection.

Conseiller : C'est très bien. Les études universitaires constituent le moment idéal pour faire ce travail.

Questions de compréhension

1. Quelle était la filière initiale de Jules, avant qu'il décide d'en changer ?
    A. Histoire
    B. Chimie
    C. Conseiller
    D. Sorcier

2. Quelle filière Jules a-t-il choisie ?
    A. Chimie
    B. Conseiller
    C. Sorcellerie
    D. Histoire

3. Lorsqu'une personne effectue un " travail d'introspection ", que fait-elle réellement ?
    A. Elle a perdu son âme et elle la cherche.
    B. Elle cherche son âme sœur.
    C. Elle prend le temps d'analyser ses émotions et ses motivations.
    D. Elle chasse les fantômes.

English Translation

(Jules has come to the University Information and Guidance Service to change his field of study.)

Jules: I'm just not sure what line of work to choose.

Counselor: And that's perfectly normal. Many of us are seeking our calling.

Jules: Well, I can tell you that, in my case, it's certainly not chemistry. I had very good grades for it in high school, but I just don't think I can work in that field for the rest of my life.

Counselor: I wish I could help you identify your true passion. If I could, it would make it a lot easier for you to choose your major and your career, wouldn't it?

Jules: You really need a crystal ball at your desk.

Counselor: Yes, that would come in handy, wouldn't it? I could also come to work wearing a wizard's robe and hat.

Jules: Definitely. For now, I think I'll switch my major to history and do a little soul searching.

Counselor: That's great. University is the perfect time to do that.

CHAPITRE 2 :
SESSION DE JEUX VIDEO

(Jules se rend chez son meilleur ami Lucas, pour passer du temps avec lui, et jouer à des jeux vidéo.)

Lucas : Pff! Je suis encore mort. Ce niveau est vraiment trop difficile mon pote.

Jules : Écoute, on doit jouer collectivement. On n'arrivera jamais à battre ce boss en jouant individuellement.

Lucas : Nos personnages sont comme l'eau et l'huile. Ils ne se mélangent pas.

Jules : Et si je le distrayais pendant que tu lui fais le plus de dégâts possible ? Lorsqu'il commencera à te cibler, on changera de place.

Lucas : Un peu comme le jeu du chat et de la souris ?

Jules : Oui, mais dans ce cas précis, il y a deux souris. Et elles sont armées.

Lucas : Essayons.

(Ils reprennent leur partie.)

Lucas : Hé, nous avons réussi.

Jules : Youpi !

Lucas : Je n'arrive pas à croire que ça ait vraiment marché. C'était génial ! Yo, on devrait aller s'acheter quelque chose à manger pour fêter ça.

Jules : D'accord. Allons-y.

Questions de compréhension

1. Quelles sont les deux substances qui ne se mélangent pas bien ?
    A. L'huile et l'eau
    B. Le sel et l'eau
    C. Le sucre et l'eau
    D. Le feu et l'eau

2. Comment les garçons ont-ils vaincu le boss dans le jeu ?
    A. Ils sont allés manger quelque chose pour fêter ça.
    B. Ils ont joué collectivement.
    C. Ils ont joué individuellement.
    D. Ils ont acheté des armes plus puissantes.

3. Comment Jules et Lucas ont-ils fêté leur victoire ?
    A. Ils ont entrechoqué leurs poings.
    B. Ils ont joué de la musique.
    C. Ils sont sortis pour aller s'acheter quelque chose à manger.
    D. Ils n'ont pas fêté leur victoire.

English Translation

(Jules goes over to his best friend Lucas's house to hang out and play video games.)

Lucas: Bah! I died again. This level is way too hard, man.
Jules: Look. We have to play as a team. We're never gonna beat this boss by acting separately.
Lucas: Our characters are like oil and water. They don't mix.
Jules: How about I distract him while you deal as much damage as possible? When he starts targeting you, we'll change places.
Lucas: Kind of like a game of cat and mouse?
Jules: Yeah, but in this case, there are two mice. And they're armed.
Lucas: Let's give it a try.

(The two resume playing.)

Lucas: Hey, we did it.
Jules: Yay!
Lucas: I can't believe that actually worked. That was awesome! Yo, we should go out and get something to eat to celebrate.
Jules: Alright. Let's go.

CHAPITRE 3 :
SUPÉRETTE

(Les deux garçons sont à l'intérieur de la supérette de leur quartier et ils parcourent les différents rayons du magasin.)

Jules : Alors, qu'est-ce que tu veux manger ?
Lucas : On va acheter des sandwichs.

(Les garçons apportent leurs articles à la caisse. Après avoir réglé leurs achats, ils sortent pour manger dans la voiture de Jules.)

Lucas : Waouh, c'est vraiment bon. Il y a de l'avocat dedans ?
Jules : De l'avocat et du poivron rouge, je crois.
Lucas : Alors, quoi de neuf pour toi dernièrement ? Tu as dit que tu avais changé de filière.
Jules : Oui, je ne sais vraiment pas quel métier choisir.
Lucas : Pareil pour moi. Je préfère éviter d'y penser.
Jules : Il faudra bien que tu te décides unjour, non ?
Lucas : Non.
Jules : Et quand tu auras 30 ans ?
Lucas : Non, même pas à 30 ans.
Jules : 80 ans ?
Lucas : Je resterai un gamer jusqu'à ma mort. Tu arracheras la manette de mes mains froides et rigides quand je mourrai.

Questions de compréhension

1. Dans une supérette, ou règle-t-on généralement ses achats ?
    A. À l'entrée
    B. Dans un bureau
    C. Dans la sale de stockage
    D. À la caisse

2. Quel article n'est généralement PAS disponible dans une supérette ?
    A. Des sandwichs
    B. Des en-cas
    C. Des boissons
    D. Des manettes

3. Où les garçons ont-ils mangé leurs sandwiches ?
    A. À l'intérieur de la supérette
    B. Dans la voiture de Lucas
    C. Dans la voiture de Jules
    D. À l'intérieur des sandwichs

English Translation

(The two are inside their local convenience store browsing the different departments of the store.)

Jules: So, what do you want to eat?
Lucas: Let's get sandwiches.

(The boys bring their items to the cash register. After paying for their food, they go out to eat in Jules's car.)

Lucas: Wow, this is really good. Is there avocado in it?
Jules: Avocado and red pepper, I think.
Lucas: So, what's going on with you lately? You said that you changed majors.
Jules: Yeah. I have no idea about what career to get into.
Lucas: Same. I'd rather not think about it.
Jules: You're going to have to decide one day, right?
Lucas: Nope.
Jules: How about when you turn 30?
Lucas: No, not even 30.
Jules: 80?
Lucas: I will be a gamer until I die. You'll be prying the controller out of my cold, dead hands when I'm gone.

CHAPITRE 4 :
AU TRAVAIL

(Jules travaille dans une pizzeria locale en tant que livreur à temps partiel. À l'intérieur du magasin, Jules et la gérante de la pizzeria discutent tout en pliant des boîtes de pizza.)

Eva : Alors je l'ai renvoyé. Tout le monde peut avoir un imprévu et être en retard certains jours. Mais ne pas téléphoner et ne pas venir du tout, c'est inexcusable.

Jules : Je vois. Il était aimable et agréable, mais c'est vraiment grave de te faire faux bond, et de ne pas téléphoner.

Eva : Cela arrive de temps en temps. De nombreux étudiants travaillent ici, et certains d'entre eux ne pensent qu'à faire la fête toute la nuit. Après ils ont la " gueule de bois " ou ils sont trop fatigués pour venir travailler. J'aimerais au moins qu'ils prennent le temps de téléphoner pour me prévenir.

Jules : Waouh, je crois que tu es la patronne la plus indulgente que j'ai jamais eue.

Eva : Oh non. Je les renverrais quand même si je savais qu'ils n'étaient pas venus pour cette raison. Nous avons besoin d'une équipe fiable pour gérer cette pizzeria.

Jules : Rappelle-moi de ne jamais te contrarier.

Eva : À vrai dire, tu serais l'un des premiers à qui j'accorderai une promotion.

Jules : Vraiment ?

Eva : Ce serait bien d'avoir un deuxième gérant. Je passe toutes mes journées ici, et cette situation affecte ma santé mentale. J'ai besoin de congés.

Jules : Waouh. Je ne sais pas quoi dire.

Eva : Ne t'en fais pas. La commande suivante est prête. Va la livrer.

Questions de compréhension

1. Que signifie l'expression "faire faux bond" dans cette situation ?
   A. Etre renvoyé
   B. Ne pas se présenter au travail sans prévenir son employeur
   C. Ne pas respecter une des règles en vigueur sur son lieu de travail
   D. Faire semblant de sauter

2. Quel est le contraire d' "indulgent" ?
   A. Strict
   B. Droit
   C. Intelligent
   D. Suprême

3. Pourquoi Eva souhaite-t-elle engager un deuxième gérant ?
   A. Elle veut pouvoir rivaliser avec les autres pizzerias locales.
   B. Elle souhaite obtenir une promotion.
   C. Elle souhaite démissionner.
   D. Elle veut prendre des congés, afin de préserver sa santé mentale.

English Translation

(Jules works at a local pizza delivery shop as a part-time delivery boy. Inside the store, Jules and the pizza store's general manager are chatting while folding pizza boxes.)

Eva: So, I fired him. Everybody can have an unexpected event and be late some days. But a no-call, no-show is inexcusable.

Jules: I see. He was kind and friendly, but it's really serious to stand you up and not call.

Eva: It happens from time to time. So many students work here, and some of them just think about partying all night. Then they get hungover, or they are too tired to come to work. I wish they would at least take the time to call and let me know.

Jules: Wow, I think you're the most lenient boss I've ever had.

Eva: Oh no. I would still fire them if I knew that was the reason they called in. We need a reliable team to run this place.

Jules: Remind me to never get on your bad side.

Eva: Actually, you'd be one of the first people I would promote.

Jules: Really?

Eva: It would be nice to have a second manager. I spend all my days here, and it's not good for my mental health. I need some time off.

Jules: Wow. I don't know what to say.

Eva: Don't worry. The next order is ready. Go deliver it.

CHAPITRE 5 :
DISCUSSION AVEC LES
CAMARADES DE CLASSE

(Jules est à l'université et il assiste à un cours d'histoire.)

Professeur : Ce sera tout pour aujourd'hui. N'oubliez pas de réviser pour le prochain examen. Chaque heure passée en classe doit être complétée par au moins deux heures de révision.

(Les étudiants commencent à ranger leurs affaires et à quitter l'amphithéâtre. Un étudiant situé à gauche de Jules entame la conversation.)

Camarade de classe : Deux heures ? C'est beaucoup trop long ! Nous avons autre chose à faire, vous savez ?
Jules : Oui, c'est très long.
Camarade de classe : Je sais bien qu'il faut réviser pour obtenir une bonne note, et tout ça, mais vraiment...
Jules : Je suis d'accord. Il y a tellement de choses que j'aimerais faire pendant que je suis encore étudiant.
Camarade de classe : Oui, il se passe tellement de choses sur le campus tous les jours. As-tu entendu parler du festival du film de 48 heures qui aura lieu ce weekend ?

Jules : C'est le projet pour lequel chaque équipe dispose de 48 heures pour réaliser un film, c'est ça ? J'en ai entendu parler. Tu vas y aller ?

Camarade de classe : Bien sûr. Je vais participer avec quelques amis et on verra bien ce que ça donne. Et toi ?

Jules : Non, je n'ai aucune connaissance dans ce domaine. Et je ne suis même pas sûr de tenir 48 secondes sans faire de gaffe. Cependant j'ai envisagé de suivre des leçons de cuisine.

Questions de compréhension

1. Selon le professeur, si vous passez 10 heures en classe, combien
   d'heures devez-vous consacrer à vos révisions avant un examen ?
   A. 10 heures
   B. 15 heures
   C. 20 heures
   D. 25 heures

2. Où la conversation a-t-elle lieu dans ce chapitre ?
   A. Dans un bureau d'information et d'orientation
   B. Dans le bureau du professeur
   C. Lors d'un festival
   D. Dans un amphithéâtre

3. Que se passe-t-il pendant le festival de film de 48 heures ?
   A. Les gens se réunissent dans une grande salle pour regarder
      des films pendant 48 heures d'affilée.
   B. Les gens se rassemblent pour assister à la première d'un film
      qui dure 48 heures.
   C. Des équipes s'inscrivent et participent afin de réaliser le
      meilleur film en moins de 48 heures.
   D. Des équipes participent à un ultra-marathon de 48 heures et
      elles filment leurs performances.

English Translation

(Jules is at school attending a history lecture.)

Professor: That will be it for today. Don't forget to study for the next exam. Every hour spent in class must be supplemented by at least two hours of review.

(The students start packing up their belongings and leaving the auditorium. A student to the left of Jules starts up a conversation.)

Classmate: Two hours? That's way too long! We all have other things to do, you know?
Jules: Yeah, it's pretty long.
Classmate: I get that we have to study to get a good grade and all, but really...
Jules: I agree. There's so much stuff I want to do while I'm student still.
Classmate: Yeah, there's so much going on around campus every single day. Did you hear about the 48-hour film festival coming up this weekend?
Jules: That's the one where each team has 48 hours to make a movie, right? I did hear about that. Are you going?
Classmate: Sure am. Gonna enter with some friends and see what happens. How about you?
Jules: Nah, I can't do anything film-related at all. I'm not even sure I would last 48 seconds before screwing something up. I have been thinking about taking up cooking classes, though.

CHAPITRE 6 :
L'INGRÉDIENT SECRET

(Jules assiste à un cours du soir consacré à la cuisine qui a lieu dans le centre des étudiants sur le campus.)

Professeur : Les oignons constituent un élément important de cette recette. Ils doivent assaisonnés correctement car dans le cas contraire, le goût du curry sera moins prononcé.

Etudiant #1 : Alors, il faut ajouter du sel, du poivre et de gingembre pendant la cuisson des oignons ?

Professeur : Oui et maintenant, nous allons ajouter l'ingrédient secret.

Etudiant #2 : Quel ingrédient secret ?

Professeur : Cela ne serait plus un secret si je vous disais ce quec'est.

Jules : Mais comment peut-on préparer ce plat chez nous ?

Professeur : La personne qui devine l'ingrédient secret recevra une récompense !

Etudiant #1 : D'accord. Est-ce que c'est de la noix de coco ?

Professeur : Non.

Etudiant #2 : Est-ce que c'est de l'huile d'olive ?

Professeur : Retentez votre chance.

Jules : Est-ce que c'est l'amour ?

Professeur : L'amour est l'ingrédient secret dans tous les domaines alors non ce n'est pas la bonne réponse.

Etudiant #1 : De la crème glacée ?

(Le professeur fixe froidement l'Etudiant #1.)

Jules : Je pense qu'il veut dire que nous donnons notre langue au chat.

Professeur : Très bien. La bonne réponse était le basilic. Et comme personne ne l'a trouvée, je vais garder la récompense et en profiter tout seul.

Questions de compréhension

1. Qu'est-ce que le professeur utilise pour assaisonner les oignons ?
    A. Du sel, du poivre, de l'ail et du gingembre
    B. Du sel, du poivre et de l'huile d'olive
    C. Du sel, du poivre et de l'huile de coco
    D. De la crème glacée

2. Ou le cours de cuisine a-t-il lieu ?
    A. À l'intérieur du centre des étudiants en dehors du campus
    B. À l'intérieur de l'amphithéâtre
    C. À l'extérieur du centre des étudiants en dehors du campus
    D. À l'intérieur du centre des étudiants sur le campus

3. Quelle récompense pouvait-on remporter en devinant l'ingrédient secret ?
    A. Basilic
    B. De l'argent
    C. De la crème glacée
    D. Inconnue

English Translation

(Jules attends an evening cooking class located inside the student center on campus.)

Instructor: The onions are an important part of this recipe. They have to be seasoned properly, or the curry will not have as much flavor.
Student #1: So, you have to add salt, pepper, garlic, and ginger when cooking the onions?
Instructor: Yes, and now we will add the secret ingredient.
Student #2: What's the secret ingredient?
Instructor: It wouldn't be a secret anymore if I told you what it is.
Jules: But how are we supposed to make this dish at home?
Instructor: The person who guesses the secret ingredient gets a prize!
Student #1: OK. Is it coconut?
Instructor: No.
Student #2: How about olive oil?
Instructor: Try again.
Jules: Is it love?
Instructor: That's the secret ingredient in everything, so nope, that's not the right answer.
Student #1: Ice cream?

(The instructor coldly stares at Student #1.)

Jules: I think he means to say that we all give up *("Giving your tongue to the cat" is a French expression meaning "to give up")*.
Instructor: Very well then. The correct answer is basil. And since no one guessed right, it looks like I will be keeping the prize to enjoy all by myself.

CHAPITRE 7 :
UN RENDEZ-VOUS AVEC UNE
INCONNUE

(Jules a rencontré quelqu'un sur internet grâce à une application de rencontre. Après avoir discuté pendant quelques jours, ils ont décidé de se donner rendez-vous dans un café du quartier pour se rencontrer.)

Jules : Bonjour, es-tu Lisa ?

Lisa : Oui. Bonjour.

Jules : Je suis Jules. Ravi de te rencontrer.

Lisa : C'est un plaisir également.

Jules : Tu es beaucoup plus jolie en personne.

Lisa : Oh, merci. Tu n'es pas mal non plus.

Jules : Alors, euh, tu viens souvent dans ce café ?

Lisa : Oui, parfois.

Jules : Quand ?

Lisa : Après les cours.

Jules : Oh, c'est sympa. Qu'est-ce que tu étudies ?

Lisa : L'informatique.

Jules : Et ça se passe bien ?

Lisa : C'est assez amusant, je trouve.

Jules : Qu'est-ce qui t'a incitée à choisir ce domaine ?

Lisa : Hum, et bien, ça rapporte pas mal d'argent.

Jules : À ce qu'il paraît. C'est le cas ?

Lisa : Oui.

Jules : Difficile de ne pas apprécier un emploi qui rapporte beaucoup d'argent.

Lisa : Mmmhmm.

(Ils restent tous les deux assis dans un silence gênant pendant environ 10 secondes.)

Lisa : Oh. Euh, je viens de recevoir un message de mes amies. Je pense que je vais les rejoindre.

Jules : Oh, d'accord. Et bien, je suis content de t'avoir rencontré.

(Lisa récupère ses affaires et sort du café. Jules sort immédiatement son smartphone de sa poche et il commence à réfléchir pour essayer de comprendre pourquoi le rendez-vous s'est mal passé.)

Questions de compréhension

1. Ou Jules a-t-il rencontré Lisa pour la première fois ?
    A. Pendant un cours de cuisine
    B. Pendant un de ses cours à l'université
    C. Ils travaillent tous les deux dans la même pizzeria.
    D. Sur internet, grâce à une application de rencontre

2. Comment décririez-vous le ton général de la conversation dans ce chapitre ?
    A. Embarrassé
    B. Sérieux
    C. Arrogant
    D. Intime

3. Quand aura lieu le deuxième rendez-vous de Jules et Lisa ?
    A. Lorsque Jules recevra son salaire
    B. Pendant le weekend
    C. À la fin du semestre
    D. Il n'y aura probablement pas de deuxième rendez-vous.

English Translation

(Jules has met someone online through a dating app. After chatting for a few days, they agree to meet in person for a date at a local coffee shop.)

Jules: Hi, are you Lisa?

Lisa: Yes. Hi.

Jules: I'm Jules. Nice to meet you.

Lisa: Nice to meet you, too.

Jules: You look a lot cuter in person.

Lisa: Oh, thanks. You don't look so bad yourself.

Jules: So, uh, do you come to this coffee shop often?

Lisa: Yeah, sometimes.

Jules: When?

Lisa: After school.

Jules: Oh, that's cool. What are you studying?

Lisa: Computer science.

Jules: How's that working out for you?

Lisa: It's kind of fun, I guess.

Jules: What got you into that?

Lisa: Um, well, it pays pretty well.

Jules: It does, doesn't it?

Lisa: Yup.

Jules: It's hard not to like a job that pays a lot of money.

Lisa: Mmmhmm.

(The two sit in awkward silence for roughly 10 seconds.)

Lisa: Oh. Uh, I just got a text from my friends. I think I'm going to go join them.

Jules: Oh, OK. Well, it was nice meeting you.

(Lisa picks up her belongings and leaves the coffee shop. Jules immediately takes his smartphone out of his pocket and starts to ponder why the date went wrong.)

CHAPITRE 8 :

SOULEVER DE LA FONTE

(Jules a décidé de commencer à s'entraîner au gymnase de l'université sur le campus. Il est sur le point de commencer à soulever des poids, lorsqu'il décide de demander de l'aide.)

Jules : Excusez-moi. Désolé de vous importuner.

Inconnu : Pas de problème. Est-ce que je peux vous aider ?

Jules : Je commence la musculation aujourd'hui et j'aimerais bien savoir comment vous avez fait pour devenir aussi mince et aussi musclé ? C'est vraiment impressionnant.

Inconnu : Oh, euh, merci. Cela demande des efforts et du temps, comme n'importe quelle autre discipline.

Jules : Si vous deviez retrouver la forme en huit semaines en partant de zéro. Comment procéderiez-vous ?

Inconnu : Et bien, vous obtiendrez des résultats limités si vous vous entraînez pendant seulement huit semaines. L'industrie du fitness voudrait vous faire croire qu'il suffit d'acheter certains produits pour obtenir le physique d'un modèle professionnel en huit semaines.

Jules : Je ne sais pas. J'ai vu beaucoup de photos avant/après qui étaient vraiment impressionnantes.

Inconnu : C'est une autre ruse. Ils engagent des acteurs qui étaient déjà très musclés avant de faire un régime afin d'éliminer toute leur masse graisseuse.

Jules : D'accord. Quel type de programme recommanderiez-vous à un débutant pour un entraînement de huit semaines ?

Inconnu : Je vais vous répondre. Si vous commencez par les exercices de base, et que vous effectuez des squats arrière, des soulevés de terre, et des développés couchés, vous développerez efficacement votre force et votre masse musculaire.

Jules : D'accord. Pouvez-vous m'indiquer les machines qui permettent d'effectuer ces exercices ?

Inconnu : Ils s'effectuent avec une barre d'haltères. Vous vous entraînerez trois fois plus efficacement si vous utilisez une barre d'haltères.

Jules : Je ne sais pas. Cela semble très difficile.

Inconnu : Ces exercices sont conçus pour être difficiles. C'est ce qui vous permettra de développer votre force et vos muscles.

Jules : Je m'en souviendrai. Et que recommanderiez-vous en matière d'alimentation ?

Inconnu : Je vous recommande d'augmenter légèrement votre apport calorique quotidien en consommant environ 200 à 300 calories supplémentaires par jour. Pour cela, vous devez éviter de consommer des aliments industriels, et privilégier les aliments nutritifs qui sont également riches en protéines.

Jules : Vous voulez dire que je dois compter les calories que je consomme ?

Inconnu : Pas obligatoirement. Commencez par cesser de consommer des aliments industriels et consommez des aliments sains en grande quantité.

Jules : D'accord, très bien. Je vous remercie pour votre aide. Je vais voir ce que je peux faire.

(Jules se sent un peu dépassé par les informations que l'inconnu lui a fourni, il décide donc d'aller courir sur le tapis de course au lieu de faire de la musculation.)

Questions de compréhension

1. Parmi les adjectifs suivants, quels sont ceux qui décrivent parfaitement le corps de l'inconnu ?
   A. Massif et corpulent
   B. Mince et musclé
   C. Frêle et maigre
   D. Mou et flasque

2. Que signifie l'expression "retrouver la forme" ?
   A. Améliorer sa condition physique en pratiquant une activité sportive
   B. Plier un élément pour lui donner une forme particulière afin de pouvoir l'insérer dans un autre élément
   C. Devenir métamorphe
   D. Plier certaines parties de son corps pour effectuer des exercices

3. Quelle recommandation ne figure PAS parmi les conseils de l'inconnu ?
   A. Augmenter son apport calorique en consommant des aliments nutritifs
   B. Manger des aliments industriels et non nutritifs
   C. Cesser de consommer des aliments industriels
   D. Effectuer des exercices en utilisant la barre d'haltères

English Translation

(Jules has decided to start working out at the university gym on campus. He is just about to start lifting weights when he decides to ask for help.)

Jules: Excuse me. Sorry to bother you.

Stranger: No problem. What can I do for you?

Jules: I just started weight training today, and I was wondering, how did you get so lean and muscular? It's really impressive.

Stranger: Oh, uh, thanks. It takes effort and time just like anything else.

Jules: Let's say you had eight weeks to get into shape starting from scratch. How would you do it?

Stranger: Well, you're going to get pretty limited results if you work out for only eight weeks. The fitness industry would have you believe that you only need to buy certain products to get a professional model's physique in eight weeks.

Jules: I don't know. I've seen a lot of before-and-after photos that were really impressive.

Stranger: That's another trick. They hire actors who were already very muscular before they went on a diet to cut all the fat.

Jules: Alright then. What kind of program would you recommend to a beginner for an eight-week period?

Stranger: I'll tell you what. If you start with the basics and do heavy squats, deadlifts, and bench presses, you'll dramatically (effectively) develop your strength and muscle mass.

Jules: OK. Can you tell me what machines you use to do these exercises?

Stranger: They're done with a barbell. You'll train three times more efficiently if you use a barbell.

Jules: I don't know. That seems pretty hard.

Stranger: These exercises are designed to be difficult. It's what will help you develop your strength and muscles.

Jules: I'll keep that in mind. What would you do diet-wise?

Stranger: I would recommend slightly increasing your daily caloric intake by consuming about 200 to 300 extra calories per day. For this, you should avoid eating processed foods and focus on nutritious foods that are also rich in protein.

Jules: Do you mean I have to count the calories I eat?

Stranger: Not necessarily. Start by cutting all processed foods from your diet and eating healthy foods in large quantities.

Jules: OK, I see. Thank you for your help. I'll see what I can do.

(Jules feels a little overwhelmed by the information the stranger has given him, so he decides to go for a run on the treadmill instead of weight training).

CHAPITRE 9 :
LA DERNIÈRE TENDANCE

(Jules se rend chez Lucas pour passer la soirée avec lui.)

Lucas : Alors, comment s'est passé ton rendez-vous avec cette fille cette semaine ?

Jules : Horrible. Il n'a pas duré plus de trois minutes.

Lucas : Aïe. Est-ce que c'était un de ces rendez-vous qui met immédiatement mal à l'aise ?

Jules : C'est à peu près ça, oui. Je pense que c'est mon apparence physique qui pose problème mais on n'est jamais sûr de rien, pas vrai ?

Lucas : Au moins, tu te démènes pour rencontrer de nouvelles personnes. Tu trouveras sûrement quelqu'un qui te convient si tu continues d'essayer.

Jules : Et toi alors ? Je sais que tu as des problèmes d'argent mais…

Lucas : Tu viens de répondre à ta question.

Jules : Comment se passe ta recherche d'emploi ?

Lucas : Bien. Hé, tu es au courant pour l'annonce d'aujourd'hui ?

Jules : Non. De quoi s'agit-il ?

Lucas : Ils ont annoncé la sortie d'un nouveau RPG aujourd'hui. Il a l'air vraiment incroyable. Ils ont même engagé des célébrités mondialement connues pour réaliser le doublage. Ce jeu suscite un battage médiatique inimaginable. Je l'ai précommandé juste après la conférence de presse.

Jules : Les medias s'enthousiasment pour toutes les nouveautés. Je n'ai pas encore essayé le nouveau jeu qui était considéré comme la meilleure sortie de cette année. Dès que je termine un jeu, 10 nouveaux jeux sortent et tout le monde me conseille de les essayer. Je n'arrive pas à suivre ce rythme.

Lucas : Moi j'y arrive.

Jules : Comment fais-tu ?

Lucas : C'est facile. Il suffit de ne pas avoir de vie sociale. Si tu suis mon conseil, tu auras tout le temps nécessaire pour faire ce que tu veux. C'est la solution idéale.

Questions de compréhension

1. Que signifie l'expression "se démener" ?

    A. Sortir de chez soi

    B. Fuir le danger

    C. Faire des efforts considérables

    D. Se mettre en danger

2. Qu'est-ce qu'une "célébrité de renommée mondiale" ?

    A. Une célébrité au sommet de sa carrière

    B. Une célébrité qui voyage dans le monde entier

    C. Une célébrité qui a modifié son nom

    D. Une célébrité qui est originaire de plusieurs pays

3. Que signifie l'expression "ne pas avoir de vie sociale" ?

    A. Être mort(e)

    B. Être inconscient(e)

    C. Utiliser toutes ses vies au cours d'une session de jeu vidéo

    D. Ne pas avoir d'amis et passer la plupart de son temps seul(e)

English Translation

(Jules goes over to Lucas's house to hang out for the night.)

Lucas: So, how did that date go this week with that girl?

Jules: Terrible. It didn't last longer than three minutes.

Lucas: Ouch. Was it one of those dates where it was immediately awkward?

Jules: Pretty much. I'm thinking it's because of the way I look, but you never know, right?

Lucas: At least you're struggling to meet new people. You'll definitely find someone who is right for you if you keep trying.

Jules: What about you? I know you have money problems, but...

Lucas: You just answered your own question.

Jules: How's the job hunt coming along?

Lucas: Good. Hey, did you hear about the announcement today?

Jules: No. What is it about?

Lucas: They announced a new RPG today. It looks really amazing. They even hired some world famous celebrities to do the dubbing. This game is generating unimaginable hype. I pre-ordered it immediately after the press conference.

Jules: The media are enthusiastic about all the news. I have yet to try the new game that was considered the best release of this year. As soon I finish one game, 10 new games come out that people are telling me to try. I can't keep up with this pace.

Lucas: I can.

Jules: How do you do it?

Lucas: It's easy. Just don't have a social life. If you take my advice, you'll have plenty of time to do what you want. It's the perfect solution.

CHAPITRE 10 :
SACRIFICE

(Jules est au travail et il discute avec Eva en pliant les boîtes de pizza.)

Eva : Nous avons beaucoup de livraisons à faire ce soir. La soirée va être chargée. J'aime bien quand ça se passe comme ça. Le temps semble passer plus rapidement, et la soirée se termine sans qu'on s'en rende compte.

Jules : J'ai entendu dire que tu avais un fils. Quel âge a-t-il ?

Eva : Il vient d'avoir 15 ans il y a quelques jours.

Jules : Alors il reste à la maison avec son père pendant que tu travailles ici le soir ?

Eva : Mon chou, il a un géniteur, mais il n'a pas de père.

Jules : Alors tu l'as élevée toute seule ?

Eva : En effet. Evidemment, mon fils ne voit pas les choses sous cet angle. Je devais travailler presque tous les jours pour payer les factures alors nous n'avons pas passé beaucoup de temps ensemble. Ma mère, sa grand-mère, s'est occupée de lui pendant que je travaillais.

Jules : Mais maintenant il est assez grand pour rester à la maison tout seul, non ?

Eva : Oui. C'est mieux pour ma mère, car elle avait besoin de repos mais il se sent seul maintenant, tu comprends ?

Jules : Ce n'est pas facile.

Eva : Nous sommes en concurrence avec deux autres pizzerias et je fais le maximum pour que cette affaire continue à fonctionner. Si je prends, ne serait-ce qu'un jour de congé, je reçois un appel du propriétaire, et il n'appelle jamais, sauf quand il y a un problème.

Jules : Ouah, tu as beaucoup de choses à gérer. Si ça peut t'aider à te sentir mieux, dis-toi qu'un jour il repensera à tout ça, et il comprendra que sa mère a fait de nombreux sacrifices pour lui.

Eva : Ce serait-bien que cela arrive aujourd'hui.

Questions de compréhension

1. Pourquoi Eva apprécie-t-elle les soirées chargées ?
   A. Elle gagne plus d'argent pendant ces soirées.
   B. Le temps passe vite et la soirée se termine donc plus rapidement.
   C. Le propriétaire passe à la pizzeria.
   D. Elle organise une fête après le travail pendant ces soirées.

2. Qui a élevé le fils d'Eva ?
   A. Eva et son mari qui travaillaient en permanence
   B. Eva, qui travaillait en permanence et la mère d'Eva qui s'occupait de lui à la maison
   C. Ses parents adoptifs qui le surveillaient à la maison
   D. Il a grandi dans un orphelinat

3. Que se passe-t-il si Eva prend un jour de congé ?
   A. La pizzeria prend feu.
   B. Les employés protestent.
   C. Le propriétaire l'appelle pour la réprimander.
   D. La pizzeria ne reçoit aucune commande.

English Translation

(Jules is at work chatting with Eva while folding pizza boxes.)

Eva: We have a lot of deliveries to make tonight. It's going to be a busy night. I like it this way. Time seems to go by faster, and the evening ends without you realizing it.

Jules: I hear you have a son. How old is he?

Eva: He just turned 15 a few days ago.

Jules: So, he stays home with his dad while you work here at night?

Eva: Honey, he has a father but not a dad.

Jules: So, you raised him all by yourself?

Eva: I did. Of course, my son doesn't see it that way. I had to go to work almost every day to pay our bills, so we didn't get to spend too much time together. My mom, his grandmother, is the one who looked after him while I worked.

Jules: But now he is old enough to stay home alone, right?

Eva: Yes. It's good for my mom because she needed a rest. But now he's lonely, you know?

Jules: That's rough.

Eva: We compete with two other pizza delivery places, and I'm doing my best to keep the business going. If I take even a day off, I get a call from the owner, and he never calls unless there is a problem.

Jules: Wow, that's a lot to deal with. If it makes you feel any better, just think that someday he'll look back on this and realize that his mom made a lot of sacrifices for him.

Eva: It would be nice if that happened today.

CHAPITRE 11 :
DISCUSSION AVEC LES CLIENTS

(Jules est en train d'effectuer une livraison. Il arrive à l'appartement du client et sonne à la porte avec sa commande en main. Un homme d'âge moyen ouvre la porte.)

Jules : Bonsoir. J'ai une pizza à l'ananas pour l'appartement 312.

Client : C'est bien ici. Voici l'argent pour la commande. Vous pouvez garder la monnaie.

Jules : Merci.

Client : Vous devez être étudiant, non ?

Jules : Oui, monsieur.

Client : J'ai passé les quatre meilleures années de ma vie à l'université. Profites pleinement de ces belles années, car elles se terminent avant même qu'on s'en rende compte.

Jules : Je ferais de mon mieux.

Client : Qu'est-ce que tu étudies ?

Jules : J'ai commencé par étudier la chimie pendant quelques temps mais maintenant je ne sais plus vraiment ce que je veux faire.

Client : Ne t'en fais pas. Tu as toute la vie devant toi pour trouver ta vocation. Tu es jeune. Profites de ta vie d'étudiant. Les fêtes, l'alcool, les nouveaux amis et les filles !

Jules : Comptez sur moi ! Oh, au fait, j'espère que je ne montre pas indiscret mais qu'avez-vous étudié à l'université ?

Client : L'histoire. Même si cela ne m'a pas vraiment servi au final. En fait, je n'ai pas réussi à trouver un emploi après avoir obtenu mon diplôme.

Questions de compréhension

1. Comment le client à-t-il payé sa pizza ?
    A. Par carte bancaire
    B. Par chèque
    C. En espèces
    D. Par mandat postal

2. Quel conseil le client a-t-il donné à Jules ?
    A. De ne pas s'inquiéter au sujet de ses études, et de faire la fête
    B. De s'engager rapidement dans une relation sérieuse, de s'installer et de se marier
    C. De consacrer tout son temps et tous ses efforts à ses études
    D. D'essayer de gagner le plus d'argent possible afin de se préparer pour l'avenir

3. Quel problème le client a-t-il rencontré en étudiant l'histoire ?
    A. Il trouvait que cette matière était ennuyeuse.
    B. Il s'est rendu compte que les emplois de ce secteur étaient moins bien payés qu'il ne le pensait.
    C. Il n'a pas réussi à trouver un emploi après avoir obtenu son diplôme.
    D. Il a abandonné ses études universitaires.

English Translation

(Jules is out on a delivery. He arrives at the customer's apartment and rings the doorbell with the order in hand. A middle-aged man opens the door.)

Jules: Good evening. I have a pineapple pizza for apartment 312.

Customer: That's me. Here's the money for the order. You can keep the change.

Jules: Thank you.

Customer: You must be a student, right?

Jules: Yes, sir.

Customer: Best four years of my life right there. Make the most of those good years because they're over before you know it.

Jules: I will do my best.

Customer: What do you study?

Jules: I started out studying chemistry for a while, but now I don't really know what I want to do.

Customer: Don't worry. You have your whole life ahead of you to find your calling. You're young. Enjoy your life as a student. Parties, drinking, new friends, and the women!

Jules: Count me in! Oh, by the way, I hope I'm not being too nosy, but what did you study?

Customer: History. Although it didn't really help me in the end. In fact, I couldn't find a job after graduating.

CHAPITRE 12 :
EMPRUNTER DES LIVRES

(Jules est à la bibliothèque du campus et il cherche un livre passionnant. Il trouve un livre qui lui semble intéressant et il s'apprête à l'emprunter.)

Jules : Bonjour, j'aimerais emprunter ce livre.
Bibliothécaire : D'accord. Avez-vous votre carte d'étudiant ?
Jules : Oui, la voici.
Bibliothécaire : Très bien. Laissez-moi noter votre nom.

(Il patiente quelques instants en silence.)

Jules : Avez-vous déjà lu un des livres de cet auteur ?
Bibliothécaire : Je ne pense pas. Quel type de livres écrit-il ?
Jules : J'ai entendu dire qu'il écrivait sur la vie de personnes qui ont marqué l'histoire. De nombreuses personnes m'ont recommandé ses ouvrages car ils sont plein de sagesse.
Bibliothécaire : Oh, ça a l'air intéressant. Je préfère lire de la fiction. Je pense que toutes les grandes histoires sont empreintes de sagesse. Mais j'apprécie beaucoup la fiction, car le lecteur est libre d'identifier et d'interpréter les leçons de vie par lui-même.
Jules : En ce qui me concerne, à cause de l'école, les romans m'ont toujours semblé ennuyeux.
Bibliothécaire : C'est donc pour cela que vous lisez des ouvrages de non-fiction ?

Jules : Je ne suis pas vraiment un grand lecteur. C'est le premier livre que j'emprunte depuis le lycée.

Questions de compréhension

1. De quoi a-t-on besoin pour emprunter un livre à la bibliothèque universitaire ?
    A. Une carte d'étudiant
    B. De l'argent
    C. Un permis de conduire
    D. Une carte d'identité

2. Quels sont les sujets qui intéressent l'auteur du livre choisi par Jules ?
    A. La vie des bibliothécaires
    B. La vie des personnes qui ont marqué l'histoire
    C. L'histoire de la sagesse
    D. L'histoire des peuples et du monde

3. Pourquoi le bibliothécaire préfère-t-il la fiction ?
    A. C'est plus amusant et plus passionnant que la non-fiction.
    B. Le lecteur peut librement interpréter la sagesse et les leçons de vie contenues dans l'histoire.
    C. Ce type de littérature inclut les romans fantastiques, les romans de science-fiction et les romans d'amour.
    D. Il est généralement plus sage de lire de la fiction que de la non-fiction.

English Translation

(Jules is at the library on campus, looking for an inspiring book. He finds a book that seems interesting and is about to borrow it.)

Jules: Hi, I'd like to borrow this book.
Librarian: OK. Do you have your student card?
Jules: Yes. Here you go.
Librarian: All right. Let me write your name down.

(He waits a few moments in silence.)

Jules: Have you ever read any of this author's books?
Librarian: I don't think so. What kind of books does he write?
Jules: I've heard that he writes about the lives of people who have made history. So many people have recommended his books to me because they are full of wisdom.
Librarian: Oh, that sounds interesting. I prefer to read fiction. I think all great stories are full of wisdom. But I really enjoy fiction because the reader is free to identify and interpret the lessons of life for himself.
Jules: For me, because of school, novels have always seemed boring to me.
Librarian: So, that's why you read non-fiction?
Jules: I'm not really a big reader. This is the first book I've borrowed since high school.

CHAPITRE 13 :

PASSER DU TEMPS EN FAMILLE

(Jules est allongé sur le canapé du salon de son appartement. Il est plongé dans son nouveau livre lorsque sa mère revient des courses.)

Maman : Coucou, Jules.

Jules : Tu as trouvé ce que tu voulais ?

Maman : Oui. La nouvelle épicerie propose des prix très abordables, c'est vraiment intéressant !

Jules : Ah oui ? Qu'est-ce que tu as acheté ?

Maman : J'ai trouvé tous les légumes à moitié prix. Il y a des radis frais, des courges et du chou. J'ai aussi trouvé des fruits vraiment pas chers. J'ai acheté des pommes, des fraises et des myrtilles.

Jules : Ça a l'air formidable. Qu'est-ce qu'on mange ce soir ?

Maman : En fait, je pensais commander à manger pour ce soir. Pourquoi pas une soupe et des sandwiches ? Qu'est-ce que tu en penses ?

Jules : Ce sera parfait.

Maman : Cela me fait plaisir. Au fait, tu lis ce livre pour quel cours ?

Jules : Je ne lis pas pour les cours. Je l'ai emprunté à la bibliothèque.

Maman : Ah. As-tu fini d'étudier pour aujourd'hui ?

Jules : Maman, je ne sais pas quelle filière choisir.

Maman : Je croyais que tu étudiais la chimie.

Jules : Nan. J'ai laissé tomber. J'ai décidé d'étudier l'histoire pour le moment.

Maman : Et bien, je suis contente que tu continues de stimuler ton cerveau. Et est-ce que tu serais intéressé par une autre matière scientifique ?

Jules : La chimie était ma matière scientifique préférée mais cela ne me passionne plus vraiment.

(Jules enfouit son visage dans son livre.)

Jules : Maman, pourquoi la vie est-elle si difficile ?

Maman : Il y a une très belle citation de Bruce Lee que j'adore. "Ne priez pas pour avoir une vie facile. Priez pour avoir la force d'endurer une vie difficile."

Questions de compréhension

1. Qu'a rapporté la mère de Jules de l'épicerie ?
    A. Des ramens, des cornichons, des concombres, des abricots, des glaces et des bananes
    B. Du riz, de la pizza, des carottes, des noisettes, des salades et des bagels
    C. De la relish, de l'ananas, du gâteau, des asperges, des sandwiches et du bacon
    D. Des radis, des courges, des choux, des pommes, des fraises et des myrtilles

2. Que vont manger Jules et sa mère pour le dîner de ce soir ?
    A. Ils vont préparer de la soupe et des sandwiches à la maison.
    B. Ils vont commander de la soupe et des sandwiches à emporter dans un restaurant.
    C. Ils mangeront de la soupe et des sandwiches dans un restaurant du quartier.
    D. Ils iront chez un ami pour manger de la soupe et des sandwiches.

3. Parmi les matières suivantes, laquelle n'est PAS considérée comme une matière scientifique ?
    A. Chimie
    B. Physique
    C. Biologie
    D. Cryptologie

English Translation

(Jules is lying on the couch in the living room of his apartment. He is immersed in his new book when his mother comes back from shopping.)

Mom: Hey, Jules.
Jules: Did you find what you wanted?
Mom: Yes. The new grocery store here is so cheap. I love it!
Jules: Oh yeah? What did you buy?
Mom: I got all our vegetables at half price. There's fresh radishes, squash, and cabbage. I also got fruits for pretty cheap. I bought apples, strawberries, and blueberries.
Jules: That sounds great. What are we having for dinner tonight?
Mom: Actually, I was thinking about ordering some food for tonight. How about soup and sandwiches? What do you think?
Jules: That would be perfect.
Mom: My pleasure. By the way, what class are you reading that book for?
Jules: I'm not reading it for class. I borrowed it from the library.
Mom: Oh. Have you finished studying for the day?
Jules: Mom, I don't even know what I want to study.
Mom: I thought you were doing chemistry.
Jules: Nah. I dropped it. I decided to study history for now.
Mom: Well, I'm glad that you're keeping your brain sharp. Would you be interested in another science subject?
Jules: Chemistry used to be my favorite science subject, but I'm not really passionate about it anymore.

(Jules buries his face into his book.)

Jules: Mom, why is life so hard?

Mom: There's a really good quote by Bruce Lee that I love. "Pray not for an easy life. Pray for the strength to endure a difficult one."

CHAPITRE 14 :
LA DÉFINITION DU GÉNIE

(Jules et Lucas prennent un verre dans un bar du quartier.)

Lucas : Qu'est-ce que tu veux dire quand tu dis que le génie n'existe pas ?

Jules : Les personnes que nous considérons comme des génies ont tout simplement identifié leurs talents innés et ils ont passé plus de dix ans à les perfectionner. Les gens tiennent uniquement compte du résultat final et pas de leur travail acharné, ils les considèrent donc comme des génies.

Lucas : Mais que penses-tu de Mozart ? N'était-il pas un enfant prodige ?

Jules : C'est un excellent exemple. Les gens oublient qu'il a montré un très grand intérêt pour la musique dès son plus jeune âge. Et son père était musicien professionnel, compositeur, chef d'orchestre et professeur. Quand Mozart a eu trois ans, son père lui a enseigné le piano au niveau professionnel toute la journée, tous les jours. La nuit, ses parents devaient l'éloigner du piano juste pour qu'il puisse dormir.

Lucas : Humm, je ne sais pas. Comment peux-tu penser que le génie n'existe pas ? D'où te vient cette idée ?

Jules : D'un livre.

Lucas : Tu crois tout ce que tu lis dans les livres ?

Jules : J'ai entendu cet argument ailleurs aussi. En tant qu'humains, nous refusons d'accepter nos échecs et nos erreurs personnelles, il est donc plus facile de considérer les personnes qui réussissent comme des personnes chanceuses, talentueuses ou encore comme des génies.

Lucas : Ouah, attends un peu. Tu veux dire que les gens ne peuvent pas simplement réussir grâce à la chance ? Qu'en est-il des domaines extrêmement compétitifs comme le cinéma ou YouTube ?

Jules : La chance est certainement un facteur important. Ce que je veux dire, c'est que nous devons prendre davantage de risques afin de provoquer la chance.

(Pendant que Jules parle, Lucas regarde derrière lui et repère deux jolies filles assises à une autre table.)

Lucas : En parlant de prendre davantage de risques, une bonne occasion se présente juste derrière toi. Suivez-moi.

Questions de compréhension

1. Comment Jules définit-il un "génie" ?
   A. Une personne incroyablement intelligente et douée
   B. Une personne qui invente quelque chose de révolutionnaire
   C. Une personne qui a identifié ses talents innés et qui a passé plus de 10 ans à les perfectionner
   D. Une personne qui a passé plus de 10 ans à essayer d'identifier ses talents naturels

2. Quel est le synonyme de "génie" ?
   A. Intellectuel
   B. Parfait
   C. Prodige
   D. Professionnel

3. Selon Jules, "pour provoquer la chance...
   A. vous devez lancer les dés."
   B. vous devez être chanceux."
   C. vous devez prendre davantage de risques."
   D. vous devez trouver un fer à cheval ou un trèfle à quatre feuilles."

English Translation

(Jules and Lucas are having drinks in a local bar.)

Lucas: What do you mean when you say there's no such thing as genius?

Jules: The people we think of as geniuses have simply identified their innate talents and spent over ten years perfecting them. People take into account only the final result and not their hard work, so they consider them to be geniuses.

Lucas:But what do you think of Mozart? Wasn't he a child prodigy?

Jules: This is an excellent example. People forget that he showed a great interest in music from a very young age. And his father was a professional musician, composer, conductor, and teacher. When Mozart was three years old, his father taught him to play the piano professionally all day, every day. At night, his parents had to keep him away from the piano just so he could sleep.

Lucas: Hmm, I don't know. How can you think there's no such thing as genius? Where did you get that idea?

Jules: From a book.

Lucas: You believe everything you read in books?

Jules: I've heard this argument somewhere else too. As humans, we refuse to accept our failures and personal mistakes, so it's easier to think of successful people as lucky, talented, or even geniuses.

Lucas: Whoa, wait a minute. Are you saying people can't just succeed through luck? What about incredibly competitive fields like film or YouTube?

Jules: Luck is definitely an important factor. What I'm saying is that we need to take more risks in order to bring about luck.

(While Jules is talking, Lucas looks behind him and spots two attractive girls sitting at another table.)

Lucas: Speaking of taking more risks, there's a good opportunity right behind you. Follow me.

CHAPITRE 15 :
RÉCUPÉRER UN TRAITEMENT
SUR ORDONNANCE

(Jules est à la pharmacie pour récupérer de nouveaux médicaments.)

Jules : Bonjour, je suis venu chercher mon traitement sur ordonnance.
Pharmacien : D'accord. Quel est votre nom ?
Jules : Jules Caron.
Pharmacien : Et votre date de naissance ?
Jules : 20 Février 2000.
Pharmacien : Très bien. Je reviens tout de suite.

(Le pharmacien part chercher le traitement de Jules.)

Pharmacien : Bien. Avez-vous des questions concernant ce médicament ?
Jules : Oui. Je dois le prendre matin et soir, c'est bien ça ?
Pharmacien : C'est exact.
Jules : Dois-je le prendre pendant les repas, ou en dehors des repas ?
Pharmacien : Comme vous le souhaitez.
Jules : D'accord. Et est-ce que je peux prendre le médicament à différents moments de la journée ? Mes horaires changent tout le temps à cause de mon travail et de mes cours.

Pharmacien : Tant que vous prenez une dose de médicament matin et soir, cela ne pose pas problème.

Jules : D'accord, merci. Attendez ! J'ai oublié de vous demander une dernière chose. Je dois avaler le cachet, c'est bien ça ? Ou est-ce je peux le croquer ?

Pharmacien : Il faut l'avaler. Vous ne devez pas le croquer. À part cela, avez-vous besoin d'autre chose ?

Jules : Oui. Ou est la fontaine à eau ? Je dois commencer le traitement dès que possible.

Questions de compréhension

1. Ou peut-on récupérer des traitements sur ordonnance ?

    A. À la pharmacie

    B. Dans le cabinet du médecin

    C. À l'école

    D. Au travail

2. Comment Jules doit-il prendre ses médicaments ?

    A. En mangeant

    B. En dehors des repas

    C. Cela n'a pas d'importance.

    D. Cela dépend des situations.

3. Laquelle de ces méthodes ne permet PAS de prendre un médicament par voie orale ?

    A. En l'injectant

    B. En l'avalant

    C. En le croquant

    D. En le buvant

English Translation

(Jules is at his local pharmacy to pick up some new medicine.)

Jules: Hi, I'm here to pick up my prescription.
Pharmacist: OK. What's your name?
Jules: Jules Caron.
Pharmacist: And your date of birth?
Jules: February 20, 2000.
Pharmacist: OK. I'll be right back.

(The pharmacist goes to retrieve Jules's prescription.)

Pharmacist: Alright. Do you have any questions about this medication?
Jules: Yes. I have to take it in the morning and evening, right?
Pharmacist: That's right.
Jules: Should I take it with food or without food?
Pharmacist: Either is fine.
Jules: I see. And can I take the medication at different times during the day? My schedule changes all the time due to work and school.
Pharmacist: As long as you take a dose of the drug during the morning and evening, it's not a problem.
Jules: OK, thank you. Wait! I forgot to ask one last thing. I have to swallow the pill, right? Or can I chew it?
Pharmacist: You have to swallow it. You can't chew it. Other than that, do you need anything else?
Jules: Yes. Where's the water fountain? I need to start the treatment as soon as possible.

CHAPITRE 16 :

ENTRETIEN AVEC UN TÉMOIN

(Jules est à la maison, et il regarde les nouvelles locales à la télévision.)

Présentateur : Les autorités indiquent que l'on ignore toujours où se trouve le suspect. Ce que nous savons, c'est que le suspect est un homme âgé de 18 à 35 ans qui mesure environ 1 mètre 80. Nous allons maintenant nous entretenir avec une passante qui a été témoin de l'évènement.

(La camera filme un journaliste et une femme d'âge moyen.)

Journaliste : Pouvez-vous résumer brièvement ce que vous avez vu ?

Témoin : Je rentrais du travail à pied quand j'ai remarqué que quelqu'un dansait frénétiquement à l'intersection juste devant moi. En m'approchant de l'intersection, j'ai vu que cette personne portait un grand masque de cheval et qu'il était en sous-vêtements. J'ai cru que j'avais une hallucination ou autre chose, mais non, cela s'est vraiment produit aujourd'hui.

Journaliste : Combien de temps cette personne a-t-elle continué ?

Témoin : A partir du moment où je l'ai remarquée, je dirais environ une minute.

Journaliste : Que s'est-il passé ensuite ?

Témoin : Il a salué rapidement et il s'est enfui dans la rue. Environ 30 secondes plus tard, plusieurs voitures de police sont arrivées avec leurs sirènes assourdissantes.

(La camera filme à nouveau le présentateur dans les studios.)

Présentateur : Il s'agit de la troisième apparition du danseur masqué au cours des derniers mois. Comme à chaque fois, plusieurs effractions ont été signalées à proximité du lieu ou se trouvait l'homme masqué. Les autorités soupçonnent un lien entre ces événements.

Questions de compréhension

1. Lequel des mots suivants n'est PAS un synonyme du mot "journaliste" ?
    A. Présentateur
    B. Correspondant
    C. Reporter
    D. Témoin

2. Quelle était la tenue portait le danseur masqué ?
    A. Uniquement des sous-vêtements
    B. Un costume cravate
    C. Une tenue de travail
    D. Une tenue habillée

3. Parmi les mots suivants, lequel est le synonyme de "entrée par effraction" ?
    A. Crime
    B. Cambriolage
    C. Incendie criminel
    D. Contrefaçon

English Translation

(Jules is at home watching the local news on TV.)

Newscaster: Authorities say that the suspect 's whereabouts are still unknown. What we do know is that the suspect is male, aged 18-35, and approximately 180 centimeters tall. We will now speak with a bystander who witnessed the event.

(The camera cuts to a news correspondent and a middle-aged woman.)

Reporter: Can you briefly summarize what you saw?
Witness: I was walking home from work when I noticed someone was dancing wildly at the intersection in front of me. As I got closer to the intersection, I saw that this person was wearing a large horse mask and was in his underwear. I thought I was hallucinating or something, but no, that actually happened today.
Reporter: How long did this person continue?
Witness: From the time I noticed him, I would say about a minute.
Reporter: What happened after that?
Witness: He took a quick bow and then fled down the street. About 30 seconds later, a few cop cars showed up with their sirens blazing.

(The camera cuts back to the news anchor in the studio.)

Newscaster: This is the third appearance of the masked dancer in the last few months. As with each case, several break-ins have been reported near the masked man's location. Authorities suspect a connection between these events.

CHAPITRE 17 :

UNIR SES FORCES

(Jules assiste à une conférence sur l'histoire mondiale sur le campus.)

Professeur : N'oubliez pas que les examens auront lieu dans deux semaines. Si vous n'avez pas commencé à réviser, il est temps de commencer. Ce sera tout pour aujourd'hui. Profitez du reste de l'après-midi.

(Les étudiants commencent à ranger leurs affaires et ils se dirigent vers la sortie. Un autre étudiant s'approche de Jules.)

Etudiant #1 : Bonjour. Est-ce que cela t'intéresserait de réviser en groupe pour te préparer avant l'examen ?
Jules : Bien sûr. Combien êtes-vous pour l'instant ?
Etudiant #1 : Et bien, avec toi, nous sommes deux.
Jules : Ah, d'accord. Euh...
Etudiant #1 : Ne t'en fais pas. Il nous suffit de trouver quelques personnes de plus avant de partir.

(Jules acquiesce. Les deux étudiants se séparent afin d'ajouter de nouveaux membres à leur groupe nouvellement constitué.)

Jules : Bonjour. Tu cherches un groupe d'étude pour réviser avant l'examen ?

Etudiant #2 : Cela semble être une bonne idée. Je veux bien vous rejoindre.

Jules : D'accord, super. Il ne nous reste plus qu'à choisir un endroit et une heure.

(Jules et quatre autres élèves se tiennent debout en cercle afin de définir l'heure et le lieu du rendez-vous.)

Etudiant #1 : Je pensais que nous pourrions nous réunir ce vendredi à 18 heures à la bibliothèque. Est-ce que cela convient à tout le monde ?

(Les étudiants hochent la tête en signe d'acquiescement, ils échangent leurs coordonnées et ils se séparent peu après.)

Questions de compréhension

1. En règle générale, quand un examen a-t-il lieu au cours d'un semestre ?
   A. À peu prés au milieu du semestre
   B. À la fin du semestre
   C. Au début du semestre
   D. À tout moment et au hasard

2. Comment les étudiants ont-ils constitué le groupe d'étude ?
   A. Ils ont proposé à des camarades de les rejoindre à la fin du cours.
   B. Ils ont ajouté une annonce sur le panneau d'affichage.
   C. Ils ont organisé des groupes grâce à un forum en ligne.
   D. Ils ont proposé à d'autres étudiants de les rejoindre pendant qu'ils étaient à une fête.

3. Comment les étudiants resteront-ils en contact ?
   A. Ils se tenaient debout en cercle et ils se tenaient par la main.
   B. Ils ont échangé leurs coordonnées.
   C. Ils habitent tous dans le même immeuble.
   D. Ils ont hoché la tête en signe d'acquiescement.

English Translation

(Jules is attending a world history lecture on campus.)

Professor: Don't forget that exams are coming up in two weeks. If you haven't started studying, it's time to get started. That will be all for today. Enjoy the rest of the afternoon.

(The students start packing up their belongings and heading for the exit. Another student approaches Jules.)

Student #1: Hi there. Would you be interested in studying in a group to help prepare for the exam?
Jules: Sure. How many of you are there at the moment?
Student #1: Well, with you, there are two of us.
Jules: Ah, I see. Uh...
Student #1: Don't worry. We just need to find a few more people before we leave.

(Jules nods. The two students split up to add new members to their newly formed group.)

Jules: Hello. Are you looking for a study group to review before the exam?
Student #2: That sounds like a good idea. I'll join.
Jules: OK, great. All we have to do is choose a place and a time.
(Jules and four other students stand in a circle to arrange the meeting time and place.)

Student #1: I was thinking we could meet this Friday at 6 p.m. at the library. Is that okay with everyone?

(The students nod in agreement, exchange contact information, and split up shortly after.)

CHAPITRE 18 :
COMMANDER SON DÉJEUNER

(Jules s'apprête à commander une salade pour le déjeuner à la cafétéria du campus.)

Employé : Bonjour. Bienvenue chez Salad Express. Que souhaitez-vous commander ?

Jules : Bonjour. J'aimerais commander une salade composée.

Employé : D'accord. Vous voulez des épinards ou de la laitue romaine ?

Jules : Je prendrai de la laitue romaine.

Employé : Et quels légumes souhaitez-vous ajouter dans votre salade ?

Jules : Du céleri, des oignons, des poivrons et des concombres.

Employé : D'accord. Et voulez-vous d'autres garnitures ?

Jules : Oui. Je veux bien des noix de cajou, des framboises, des croûtons et des morceaux de tortilla.

Employé : Voilà, c'est ajouté. Et quelle sauce voulez-vous ajouter dans votre salade ?

Jules : Je prendrai la sauce Italienne allégée, s'il vous plaît.

Employé : Très bien. Voulez-vous ajouter des en-cas ou des boissons à votre commande ?

Jules : Je prendrai un sachet de chips et un soda allégé. Ce sera tout, merci.

Employé : D'accord. Sur place ou à emporter ?

Jules : Sur place.

(Jules remarque un rassemblement au loin : plus d'une centaine d'étudiants marchent ensemble.)

Jules : Hé, vous savez pourquoi il y a autant de monde là-bas ?
Employé : Je ne sais pas vraiment. Je pense que cela a un rapport avec le rassemblement qui est organisé sur le campus aujourd'hui.

Questions de compréhension

1. Parmi les aliments suivants, lesquels ne sont PAS considérés comme des légumes ?
    A. Le céleri, l'oignon, les poivrons et les concombres
    B. Les épinards, la laitue romaine, la laitue iceberg et le chou kale
    C. Les pommes de terre, les patates douces, le maïs et la courge
    D. Les olives, les tomates, les avocats et les potirons

2. Parmi les aliments suivants, lesquels sont généralement considérés comme des noix ?
    A. Les noix de cajou, les noix de coco et les raisins secs
    B. Les noix de cajou, les noix de macadamia et les croutons
    C. Les noix de cajou, les olives et les noix
    D. Les noix de cajou, les amandes et les cacahuètes

3. Quelle description est la plus appropriée pour un soda allégé ?
    A. Un petit soda
    B. Une boisson qui favorise la perte de poids
    C. Une boisson qui a un meilleur goût que le soda classique
    D. Une boisson gazeuse qui contient peu ou pas de sucre et qui est aromatisée avec des édulcorants artificiels

English Translation

(Jules is about to order a salad for lunch at the campus cafeteria.)

Employee: Hi. Welcome to Salad Express. What can I get you?

Jules: Hello. I'd like to order a mixed salad.

Employee: OK. Would you like spinach or romaine lettuce?

Jules: I'll take romaine lettuce.

Employee: And what vegetables would you like to add to your salad?

Jules: Celery, onions, peppers, and cucumbers.

Employee: OK. And would you like any other toppings?

Jules: Yeah. Let's go with cashews, raspberries, croutons, and tortilla strips.

Employee: There you go. They have been added. And what dressing do you want to add in your salad?

Jules: I'll have the low-fat Italian dressing, please.

Employee: Alright. Would you like any snacks or drinks with your order?

Jules: I'll take a bag of chips and a diet soda. That will be it for me, thank you.

Employee: OK. Will this be for here or to go?

Jules: For here.

(Jules notices a rally in the distance. More than a hundred students are walking together).

Jules: Hey, do you know why there are so many people over there?

Employee: I'm not sure. I think it has something to do with the rally on campus today.

CHAPITRE 19 :
SALLE DE COURS

(Jules et quatre autres élèves de son cours d'histoire se sont réunis pour mettre leurs notes en commun et se préparer avant l'examen.)

Etudiant #1 : Nous savons donc que l'examen comportera 20 questions à choix multiples et un sujet de dissertation.

Etudiant #2 : Oui. Et la dissertation représente 50 % de la note de l'examen. À présent, quelqu'un sait-il ce que le professeur pourrait choisir comme sujet de dissertation ?

Etudiant #1 : Non mais on peut essayer de le deviner. Qu'en pensez-vous ?

Jules : Le sujet aura peut-être un rapport avec l'Empire Romain et Jules César. Le professeur apprécie beaucoup ces sujets.

Etudiant #2 : Peut-être. Je pensais qu'il choisirait peut-être Alexandre le Grand. Le professeur a consacré plusieurs cours aux évènements de sa vie.

Etudiant #3 : Si ça se trouve, nous allons tous réviser les cours qui concernent Alexandre le Grand et au final, le sujet de dissertation portera sur Gengis Khan.

Jules : Et s'il concernait ces trois sujets ?

(Les cinq étudiants marmonnent simultanément en signe d'acquiescement.)

Etudiant #1 : Ce sera sûrement le cas. Lors de ses cours, le professeur indique fréquemment que les empires sont le reflet de leurs dirigeants.

Etudiant #4 : Désolé de t'interrompre. Mais selon toi, le sujet de la dissertation concernera les empires ou les dirigeants ?

Jules : C'est une bonne question. C'est difficile à dire.

Questions de compréhension

1. Quel sera le type d'examen ?

    A. Il comportera 20 questions, certaines questions seront à choix multiples et les autres seront des sujets de dissertation.

    B. Il comportera 20 questions à choix multiples et un sujet de dissertation.

    C. Il comportera 20 sujets de dissertation auxquels il sera possible de répondre de différentes façons.

    D. Il comportera 20 questions.

2. Quels sont les trois dirigeants qui ont été mentionnés au cours de la conversation dans ce chapitre ?

    A. L'empire Romain, l'empire Macédonien et l'empire Mongol

    B. Jules, Lucas et Eva

    C. Alexandre le Grand, Napoléon Bonaparte et le professeur

    D. Jules César, Alexandre le Grand et Gengis Khan

3. Pourquoi le sujet de dissertation inclus dans l'examen est-il aussi important ?

    A. Parce qu'il n'y aura pas d'examen final

    B. Parce qu'il représentera la moitié de la note de l'élève à l'examen

    C. Parce que le professeur n'aime pas les questions à choix multiples

    D. Parce que c'est la seule question de l'examen

English Translation

(Jules and four other students from his history class have gathered to share notes and prepare for the exam.)

Student #1: So, we know that the test will be 20 multiple-choice questions and one essay question.

Student #2: Right. And the essay is 50 percent of the exam's grade. Now, does anyone know what the professor might choose for the essay topic?

Student #1: No, but we can try to guess. What do you think?

Jules: The topic might have something to do with the Roman Empire and Julius Caesar. The professor really likes those topics.

Student #2: Maybe. I thought he might choose Alexander The Great. The professor devoted several classes to the events of his life.

Student #3: Maybe we'll all review the courses on Alexander the Great, and in the end, the essay topic will be about Genghis Khan.

Jules: What if the question is on all three subjects?

(The five students mumble simultaneously in agreement.)

Student #1: That's gotta be the case. During his lectures, the professor frequently points out that empires are a reflection of their leaders.

Student #4: Sorry to interrupt. But do you think the topic of the essay will be about empires or leaders?

Jules: That's a good question. It's hard to say.

CHAPITRE 20 :

ORIGINAIRE D'UN PAYS ÉTRANGER

(Les cinq étudiants font actuellement une pause dans leurs révisions. Jules profite de cette occasion pour en apprendre davantage concernant l'étudiant étranger du groupe.)

Jules : Alors, comment tu t'appelles ?

Lin : Mon nom est Lin. Heureux de te rencontrer.

Jules : Ravi de te rencontrer. D'ou es-tu originaire ?

Lin : Je viens de Chine, mais je suis venu en France pour découvrir l'histoire de ce pays.

Jules : Ah oui ? Et ça se passe bien ?

Lin : Hum, c'est difficile. Je dois travailler davantage.

Jules : C'est pareil pour moi, mais plus je révise et plus je me sens perdu. C'est difficile pour tout le monde.

Lin : Hum, ça pourrait peut-être t'aider de voyager un peu. Es-tu déjà parti à l'étranger ?

Jules : Non.

Lin : Je te conseille vivement de le faire. Cela permet d'apprendre beaucoup de choses sur le monde et sur soi-même. Cela peut peut-être t'aider à trouver ta vocation.

Jules : Cela semble être une bonne idée.

Lin : Tu peux toujours venir en Chine !

Jules : Apprendre le chinois semble un peu trop difficile. En fait, je pensais plutôt voyager en Europe.

Questions de compréhension

1. Pourquoi Lin est-il venu en France ?
    A. Pour étudier l'histoire de ce pays
    B. Pour étudier les relations internationales franco-chinoises
    C. Pour étudier le commerce international et la communication
    D. Pour fuir le gouvernement Chinois

2. Où Jules a-t-il déjà voyagé ?
    A. Au Moyen-Orient
    B. En Australie
    C. En Antarctique
    D. Aucune des réponses ci-dessus

3. Voyager à travers le monde ne permet PAS...
    A. D'apprendre à mieux se connaître
    B. De découvrir le monde
    C. De trouver le sujet de dissertation de l'examen de fin de semestre
    D. De trouver sa vocation

English Translation

(The five students are currently on a break from reviewing. Jules takes this opportunity to learn more about the foreign student in the group.)

Jules: So, what's your name?

Lin: My name is Lin. Nice to meet you.

Jules: Nice to meet you. Where are you from originally?

Lin: I'm from China, but I came to France to discover the history of this country.

Jules: Oh yeah? How's that coming along?

Lin: Um, it's hard. I need to work harder.

Jules: It's the same for me, but the more I study, the more I feel lost. It's hard for everyone.

Lin: Um, maybe it would help if you could travel a little bit. Have you ever gone abroad?

Jules: No.

Lin: I definitely recommend it. You can learn so much about the world and about yourself. Maybe it can help you find your calling.

Jules: That sounds like a good idea.

Lin: You can always come to China!

Jules: Learning Chinese sounds a little too hard. Actually, I was thinking about traveling to Europe.

CHAPITRE 21 :
QU'ON EST BIEN CHEZ SOI

(Jules vient de terminer son service au travail et il pose une question à Eva alors qu'il se prépare à rentrer chez lui.)

Jules : Hé, Eva. As-tu déjà voyagé à l'étranger ?

Eva : Oui, mais c'était il y très a longtemps.

Jules : Ah oui ? Ou es-tu allée ?

Eva : En Suède. Je suis allée rendre visite à ma famille et j'y suis restée pendant quelques mois.

Jules : Vraiment ? Et c'était comment ?

Eva : Très froid. Bon Dieu, il faisait froid ! Je devais porter un manteau épais alors que tous les autres ne portaient que des chemises à manches longues. C'était dingue !

Jules : Tu t'es amusée malgré le froid au moins ?

Eva : J'ai adoré ce voyage. Je faisais tout le temps des randonnées en montagne. C'était le plus bel endroit que j'avais jamais vu.

Jules : Ouah. Pourquoi n'es-tu pas restée plus longtemps alors ?

Eva : J'ai grandi ici en France. À mes yeux, c'est mon pays. Je me sens chez moi ici.

Jules : Je ne suis pas sûr de ressentir la même chose. Il n'y rien d'intéressant ici. J'envisage de voyager un peu, en fait.

Eva : Oh ? Où voudrais-tu aller ?

Jules : Aucune idée. Peut-être en Europe.

Eva : Tu devrais vraiment le faire. Cela te permettra de voir le monde sous un autre angle.

Jules : Oui, je me demande si je ne devrais pas suivre un programme d'études à l'étranger ?

Eva : Moi à ta place, je le ferais. Fais-le avant qu'il ne soit trop tard. Une fois que tu seras marié et que tu auras des enfants, tu n'en auras plus l'occasion ! Tu n'auras plus de temps pour toi à ce moment-là.

Questions de compréhension

1. Que pense Eva de son séjour en Suède ?

   A. Même s'il faisait extrêmement froid, elle a adoré ce voyage.

   B. Rien ne lui a plu pendant ce voyage.

   C. Cette expérience l'a laissée complètement indifférente.

   D. Même si elle a parfois eu le mal du pays, elle a passé de très bons moments en Suède.

2. Pourquoi Eva est-elle retournée en France ?

   A. Il faisait trop froid en Suède.

   B. C'est là qu'elle se sent chez elle.

   C. Les impôts sont trop élevés en Suède.

   D. La France est un pays plus adapté pour fonder une famille.

3. Pour vivre dans un pays étranger et fréquenter une université étrangère en tant qu'étudiant il faut...

   A. Avoir du temps pour soi.

   B. Étudier le français à l'étranger.

   C. Suivre un programme d'études à l'étranger.

   D. Voir la situation sous un autre angle.

English Translation

(Jules has just finished his shift at work and is asking Eva a question as he gets ready to go home).

Jules: Hey, Eva. Have you ever traveled abroad?

Eva: Yeah, but it was a long time ago.

Jules: Oh yeah? Where have you been?

Eva: Sweden. I went to visit my family and stayed there for a few months.

Jules: Really? And how was it?

Eva: Very cold. God, it was cold! I had to wear a heavy coat while everyone else was wearing just long-sleeved shirts. It was crazy!

Jules: Did you have fun despite the cold at least?

Eva: I loved the trip. I used to go hiking all the time in the mountains. It was the most beautiful place I've ever seen.

Jules: Wow. Why not stay there longer, then?

Eva: I grew up here in France. To me, this is my country. I feel at home here.

Jules: I'm not sure I feel the same. There is nothing interesting here. I'm thinking of traveling a little bit, actually.

Eva: Oh? Where would you like to go?

Jules: No idea. Maybe in Europe.

Eva: You definitely should. It will give a whole new perspective on the world.

Jules: Yeah. I wonder if I should do a study abroad program?

Eva: If I were you, I would. Do it before it's too late. Once you get married and have kids, you won't get the chance! You won't have time for yourself at that point.

CHAPITRE 22 :
PAUSE CRÈME GLACÉE

(Alors qu'ils font une pause pendant leur session jeux vidéo, Jules et Lucas décident d'aller manger une glace, et de se promener dans le parc.)

Jules : Waouh, il fait vraiment beau aujourd'hui.

Lucas : Oui, c'est le temps idéal pour rester chez soi et jouer aux jeux vidéo.

Jules : Je pense que tu diras toujours la même chose, quel que soit le temps qu'il fait.

Lucas : Mais évidemment ! Je dois quand même dire que cette glace est excellente. Ce goût de fraise délicieux !

Jules : La fraise n'est pas mauvaise. Mais je finis toujours par choisir vanille ou chocolat. C'est impossible d'être déçu par ces parfums.

Lucas : Qu'est-ce que tu as choisi aujourd'hui ?

Jules : J'ai choisi vanille cette fois.

Lucas : Ah. Je me demande s'ils vendent cette glace à trois parfums.

Jules : Tu parles de la glace chocolat, fraise et vanille ?

Lucas : Oui ! J'ai oublié son nom. La tranche Napoléon ?

Jules : Napolitaine.

Lucas : Ah oui. J'ai cru que c'était Napoléon pendant un instant.

Jules : Ce serait tout simplement stupide.

Lucas : Quand on conquiert la moitié du monde, on finit par retrouver son nom un peu partout, comme pour le complexe de Napoléon.

Jules : C'est vrai. Mais attends, je me demande pourquoi le nom Gengis Khan n'est pas aussi utilisé ?

Questions de compréhension

1. Alors qu'ils faisaient une pause au cours d'une session de jeu vidéo, qu'ont fait Jules et Lucas ?
   A. Ils ont acheté de la crème fouettée, et ils sont allés courir dans le parc.
   B. Ils ont acheté de la crème à raser, et ils se sont promenés dans le parc d'attractions.
   C. Ils ont acheté des glaces, et ils sont allés se promener dans le parc.
   D. Ils ont pris quelques instants pour réviser leur cours d'histoire.

2. La tranche Napolitaine est une glace composée de trois parfums. Quels sont ces parfums ?
   A. Cacao, myrtille et vanille
   B. Chocolat, fraise et vanille
   C. Chocolat, fraise et venin
   D. Ccacao, fraise, and venin

3. Selon Lucas, lorsqu'on conquiert la moitié du monde on finit par ...
   A. Retrouver son nom un peu partout.
   B. Retrouver son thon un peu trop mou.
   C. Retrouver du chocolat sur ses genoux.
   D. Retrouver sa glace dans un faitout.

English Translation

(While taking a break from video games, Jules and Lucas decide to go out for ice cream and take a walk in the park.)

Jules: Wow, the weather is really nice today.

Lucas: Yup, it's a great time to stay home and play video games.

Jules: I think you'll always say the same thing no matter what the weather is.

Lucas: But of course! I still have to say that this ice cream is great. That delicious strawberry taste!

Jules: Strawberry's not bad. But I always end up choosing vanilla or chocolate. It's impossible to be disappointed by those flavors.

Lucas: What did you choose today?

Jules: I went with vanilla this time.

Lucas: Ah. I wonder if they sell that ice cream in all three flavors.

Jules: You mean the chocolate, strawberry, and vanilla ice cream?

Lucas: Yeah! I forgot its name. The Napoleon slice?

Jules: Neapolitan.

Lucas: Oh yeah. I thought it was Napoleon for a second.

Jules: That would just be stupid.

Lucas: When you conquer half the world, you end up with your name all over the place, like the Napoleon complex.

Jules: That is true. But wait. I wonder why the name Genghis Khan isn't used just as much?

CHAPITRE 23 :
ÉCHAPPER À LA RÉALITÉ

(Jules et Lucas discutent sur le canapé, après avoir terminé une session de jeu vidéo.)

Lucas : Si tu pars à l'étranger, je te conseille d'aller au Japon. C'est une destination incontournable.

Jules : Je ne sais pas. Le japonais semble assez difficile.

Lucas : Mon pote, trouve-toi une copine japonaise et tu apprendras très vite. Tu seras complètement immergé dans cette langue.

Jules : Si c'était vrai, tous les touristes devraient parler couramment le japonais à leur retour ?

Lucas : Une semaine ou deux, cela ne suffit pas. Tu devrais y rester pendant au moins six mois. Tu devrais y réfléchir. Tu pourrais découvrir tous les derniers jeux et animes, le jour de leur sortie au Japon.

Jules : Peut-être. C'est envisageable. Mais si tout est si bien dans ce pays, pourquoi ne vas-tu pas étudier là-bas ?

Lucas : La seule chose que je souhaite apprendre, c'est comment battre ce boss qui nous tue en boucle.

Jules : Tu ne t'inquiètes pas pour ton avenir ?

Lucas : Ce sera le problème de mon futur moi.

Jules : Chaque jour, tu trouves de nouvelles méthodes pour procrastiner, je te jure. C'est impressionnant, en fait.

Lucas : Je suis vraiment doué.

Jules : Qu'est-ce que je vais bien pourvoir faire de toi ?

Lucas : Tu vas m'aider à battre ce boss, évidemment.

(Jules pousse un long soupir et secoue lentement la tête. Après quelques secondes de silence, il prend sa manette, prêt à reprendre la partie.)

Questions de compréhension

1. Parmi les descriptions suivantes, laquelle correspond à l'immersion linguistique ?
   A. Apprendre une langue tout en étant immergé sous l'eau
   B. Apprendre une langue grâce à une exposition permanente à la langue
   C. Apprendre une langue grâce à la réalité virtuelle immersive
   D. Apprendre une langue grâce au tourisme

2. Pourquoi Lucas pense-t-il que Jules devrait aller au Japon ?
   A. C'est bien mieux que la Chine.
   B. Il peut découvrir tous les derniers animes et jeux vidéo le jour de leur sortie au Japon.
   C. Le japonais est la langue la plus facile à apprendre.
   D. Les japonaises sont les petites amies idéales.

3. Comment Lucas impressionne-t-il Jules dans ce chapitre ?
   A. Il s'obstine à persuader Jules à aller au Japon.
   B. Il trouve de nouvelles méthodes pour procrastiner.
   C. Il réfléchit afin de trouver une nouvelle technique pour battre le boss du jeu.
   D. C'est la personne la plus étrange que Jules ait jamais rencontrée.

English Translation

(Jules and Lucas are chatting on the couch after finishing a gaming session.)

Lucas: If you're going to go abroad, I recommend you go to Japan. It's a must-see destination.

Jules: I don't know. Japanese sounds pretty hard.

Lucas: Bro, just get a Japanese girlfriend and you'll learn super-fast. You'll be completely immersed in the language.

Jules: If that were true, wouldn't all tourists be fluent in Japanese by the time they get back?

Lucas: A week or two isn't long enough. You should stay there for at least six months. You should think about it. You could experience all the latest games and anime on the day they are released in Japan.

Jules: Maybe. It's a possibility. But if everything is so great in this country, why don't you go study there?

Lucas: The only thing I want to learn is how to beat this boss that's killing us over and over again.

Jules: Don't you worry about your future?

Lucas: That's future me's problem.

Jules: Every day you find new ways to procrastinate, I swear. It's impressive, actually.

Lucas: I'm just that good.

Jules: What am I going to do with you?

Lucas: You're gonna help me beat this boss, obviously.

(Jules lets out a long sigh and shakes his head slowly. After a few seconds of silence, he picks up his controller, ready to play again.)

CHAPITRE 24 :

RÉPARATIONS AUTOMOBILES

(La voiture de Jules fonctionne bizarrement ces derniers temps. Il l'a emmenée chez un mécanicien du quartier, pour que ce professionnel l'aide à identifier et à résoudre le problème.)

Mécanicien : Bonjour. Que puis-je faire pour vous aujourd'hui ?

Jules : Bonjour. Ma voiture fait des siennes ces derniers temps. Quand je m'arrête à un feu, elle se met à vibrer. Mais dès que je commence à rouler, les vibrations s'arrêtent. En dehors de cela, elle fonctionne bien.

Mécanicien : D'accord, je vois. Laissez-moi l'examiner et l'essayer rapidement. En attendant, asseyez-vous là-bas dans l'espace détente. Je viendrai vous chercher quand j'aurai terminé.

Jules : D'accord. Merci.

(Pendant que Jules regarde la télévision et se prépare une tasse de café dans l'espace détente, le mécanicien ouvre le capot de la voiture et effectue un examen plus approfondi. Après environ 30 minutes, le mécanicien appelle Jules à l'accueil.)

Mécanicien : Alors, j'ai vérifié les éléments principaux. Il n'y a aucun problème d'huile. Votre transmission et vos pneus sont en bon état. La batterie fonctionne correctement. Et il n'y a aucune fuite, donc, c'est très probablement un problème de bougie d'allumage.

Jules : Oh, c'est une bonne nouvelle ! Je pensais que ça venait de la transmission.

Mécanicien : Non. Pas du tout. Maintenant, nous pouvons remplacer toutes les bougies et leurs câbles pour vous aujourd'hui grâce à notre formule d'entretien spéciale. Cela vous conviendrait-il ?

Jules : Vous devez également remplacer les câbles ? Combien cela va-t-il coûter ?

Mécanicien : Le modèle de votre voiture est ancien, et la formule d'entretien lui permettra de fonctionner parfaitement pendant une période prolongée. Pour un entretien complet, le tarif est de 380 euros.

Jules : Oh mon Dieu ! Je ne suis pas sûr de pouvoir me le permettre. Puis-je passer un coup de fil rapidement ?

Questions de compréhension

1. Quel est le synonyme de l'expression "faire des siennes" ?

    A. Agir bizarrement

    B. Agir comme une personne ivre

    C. Agir en conséquence

    D. Agir rapidement

2. Quel semble être le principal problème de la voiture de Jules ?

    A. Les bougies d'allumage ne fonctionnent pas correctement.

    B. La transmission est endommagée.

    C. Les pneus sont à plat.

    D. Les câbles ne sont pas raccordés.

3. Pourquoi le mécanicien recommande-t-il la formule d'entretien spéciale ?

    A. Parce qu'il veut devenir ami avec Jules

    B. Parce que cela pourrait permettre à un ancien modèle de véhicule de fonctionner plus longtemps

    C. Parce que cela donnera au véhicule une odeur de voiture neuve

    D. Parce que cela permettra d'améliorer la voiture et de la préparer pour les courses de dragster

English Translation

(Jules's car has been acting strange lately. He has brought it to a local mechanic to have a professional help diagnose and solve the problem.)

Mechanic: Hi there. What can I do for you today?

Jules: Hello. My car has been acting up lately. When I stop at a traffic light, it starts vibrating. But as soon as I start driving, the vibrating stops. Other than that, the car works fine.

Mechanic: OK, I see. Let me take a look at it and try a brief test run. In the meantime, have a seat over there in the lounge area. I'll come and get you when I'm done.

Jules: Alright. Thanks.

(While Jules watches TV and makes himself a cup of coffee in the lounge area, the mechanic opens the hood of the car and does a more thorough inspection. After around 30 minutes, the mechanic calls Jules to the front desk.)

Mechanic: So, I checked the main elements. There are no oil problems. Your transmission and tires are in good condition. The battery is working properly. And there are no leaks, so it's most likely a spark plug problem.

Jules: Oh, that's good news! I thought it was the transmission.

Mechanic: Nope. Not at all. Now, we can replace all the spark plugs and their wiring for you today with our special tune-up service. Would you be OK with that?

Jules: You need to replace the cables too? How much will that cost?

Mechanic: The model of your car is old, and the tune-up service will keep it running perfectly for an extended period of time. For the complete service, the price is 380 euros.

Jules: Oh my god! I'm not sure I can afford that. Can I make a phone call real quick?

CHAPITRE 25 :
UN DEUXIÈME AVIS

(Jules est au téléphone avec sa mère.)

Maman : Allo ?

Jules : Salut, maman. Je suis au garage et je me demandais si nous avions assez d'argent pour payer les réparations.

Maman : À combien s'élève la facture ?

Jules : Euh, 380 euros.

Maman : Oh seigneur. Quel est le problème ? Que faut-il remplacer ?

Jules : Ils m'ont dit qu'il fallait changer les bougies d'allumage et les câbles.

Maman : Chéri, ces réparations ne coûtent pas 380 euros. On peut remplacer ces pièces pour moins de 100 euros.

Jules : Mais ils ont proposé leur formule d'entretien qui permet à la voiture de mieux fonctionner.

Maman : C'est ce qu'on appelle profiter des gens. Les mécaniciens savent que la plupart des gens n'y connaissent rien en mécanique, alors ils proposent toutes sortes de services coûteux pour augmenter les prix. Ces services sont complètement inutiles.

Jules : Oh, d'accord. Alors où peut-on trouver les nouvelles pièces ?

Maman : C'est plus abordable de les commander en ligne. Nous allons passer commande ce soir.

Jules : Mais comment vais-je aller en cours demain ?

Maman : Eh bien, je vais devoir t'emmener jusqu'à ce que les pièces soient livrées.

Jules : D'accord. Et, euh, je ne sais pas trop ce que je vais dire à Lucas. Il a besoin qu'on le conduise au travail demain.

Maman : Lucas a trouvé un emploi ?

Questions de compréhension

1. Que pense la mère de Jules de la proposition du mécanicien ?

    A. Elle pense que Jules devrait profiter de cette opportunité.

    B. Elle pense qu'un autre mécanicien pourrait proposer une meilleure offre.

    C. Elle pense que Jules profite du mécanicien.

    D. Elle pense qu'on profite de Jules.

2. Si vous vous y connaissez en mécanique cela signifie...

    A. Vous avez peu ou pas de connaissances et d'expérience en matière de voitures.

    B. Vous faite preuve de naïveté et de crédulité.

    C. Vous avez beaucoup de connaissances et d'expérience en matière de voitures.

    D. Vous êtes crédule en matière de mécanique.

3. Comment Jules ira-t-il à l'université demain ?

    A. Lucas le déposera.

    B. Lucas va commencer un nouvel emploi.

    C. Sa mère le déposera à la gare.

    D. Sa mère le déposera.

English Translation

(Jules is on the phone with his mom.)

Mom: Hello?

Jules: Hi, Mom. I'm here at the car shop and was wondering if we have enough money to cover the repairs.

Mom: How much is the bill?

Jules: Uh, 380 euros.

Mom: Oh lord. What is the issue? What needs to be replaced?

Jules: They said it's the spark plugs and the wires that need to be replaced.

Mom: Honey, those repairs don't cost 380 euros. Those parts could be replaced for less than 100 euros.

Jules: But they offered their tune-up service to make sure the car runs better.

Mom: That's called taking advantage of people. Mechanics know most people don't know anything about cars, so they offer all kinds of expensive services to drive up the price. Those services are completely useless.

Jules: Oh, OK. So, where can we find the new parts?

Mom: It's cheaper to order them online. We're going to order them tonight.

Jules: But how will I get to school tomorrow?

Mom: Well, I'll have to drive you until the parts come in.

Jules: OK. And, uh, I'm not sure what I'm going tell Lucas. He needs a ride to work tomorrow.

Mom: Lucas got a job?

CHAPITRE 26 :

QUITTER LE NID

(Après avoir réparé la voiture, Jules et sa mère se détendent en buvant du thé et en mangeant quelques en-cas.)

Jules : En fait, ça s'est plutôt bien passé. Je pensais que ce serait beaucoup plus difficile que ça.

Maman : Je te l'avais dit !

Jules : Où as-tu appris toutes ces choses sur les voitures ? Avec papa ?

Maman : Pas du tout. J'ai dû apprendre beaucoup de choses par moi-même, pour survivre en tant que mère célibataire. Il faut limiter les dépenses autant que possible.

Jules : Je pensais que tu avais appris avec lui parce qu'il était doué pour les réparations électroniques, il parvenait aussi à réparer d'autres types de machines.

Maman : Il aurait au moins pu t'apprendre quelques petites choses avant de partir.

Jules : Oui et bien, il ne l'a pas fait. Et c'était il y a longtemps, pas vrai ?

Maman : Cela fait environ 10 ans maintenant.

Jules : Enfin bref, je crois que je me suis finalement décidé pour mes études.

Maman : Oh, alors que veux-tu faire ?

Jules : Je pense que je veux essayer de partir étudier à l'étranger.

Maman : Oh. Où ça ?

Jules : Je n'ai pas encore décidé, mais je pense que ce sera quelque part en Europe.

Maman : Qu'est-ce qui t'a donné envie de voyager ?

Jules : Je ressens le besoin de partir seul, et de débuter une sorte de voyage.

Maman : Tu pourrais faire ça ici. Il suffit de trouver un emploi et un logement.

(Jules serre fermement les lèvres et regarde par la fenêtre alors qu'un long silence s'installe dans la pièce.)

Maman : Si tu veux partir, tu devras trouver un moyen pour financer ton voyage. Nous sommes déjà à court d'argent.

Jules : Dans ce cas, je devrai trouver une solution.

Questions de compréhension

1. Où la mère de Jules a-t-elle appris à réparer les voitures ?

    A. Elle a appris à le faire avec le père de Jules.

    B. Elle a appris toute seule afin d'économiser de l'argent.

    C. Elle est mécanicienne de profession.

    D. Toutes les mères célibataires savent comment réparer une voiture.

2. Le père de Jules était doué pour effectuer quel type de réparation ?

    A. Électrique

    B. Électricité

    C. Électronique

    D. Électricien

3. Pourquoi Jules a-t-il envie de voyager ?

    A. Il veut retrouver son père.

    B. Il veut commencer une sorte de voyage.

    C. Il veut trouver son âme sœur.

    D. Il veut impressionner sa mère.

English Translation

(After fixing the car, Jules and his mom relax by having some tea and eating some snacks.)

Jules: That actually went pretty well. I thought it would be much harder than that.

Mom: I told you so!

Jules: Where did you learn all that stuff about cars? From Dad?

Mom: Absolutely not. I had to learn a lot on my own to survive as a single mom. Costs should be kept as low as possible.

Jules: I thought you learned from him because he was good at fixing electronics he could also fix other types of machines.

Mom: He could have at least taught you a few things before he left.

Jules: Yeah, well, he didn't. And that was a long time ago, right?

Mom: It's been about 10 years now.

Jules: Anyway, I think I've finally made up my mind about school.

Mom: Oh, what's that?

Jules: I think I want to try studying abroad.

Mom: Oh. Where?

Jules: I haven't decided yet, but I'm thinking it will be somewhere in Europe.

Mom: What made you decide to travel?

Jules: I feel like I have to go out on my own and start some sort of journey.

Mom: You could do that here. All you have to do is find a job and a place to live.

(Jules shuts his lips tightly and looks out the window as a long silence settles in the room.)

Mom: If you want to go, you'll have to find a way to pay for your trip. We're already strapped for cash.

Jules: Then I'll have to find a solution.

CHAPITRE 27 :
LA GRANDE PROMOTION

(Jules est à la pizzeria, il est en train de négocier une promotion avec Eva pour obtenir un poste de gérant.)

Eva : Es-tu vraiment certain ? Ne le fais pas si tu n'es pas sûr à 100 %.

Jules : Je suis sûr à 100 %. Je dois gagner davantage d'argent d'une manière ou d'une autre, et cela te permettra également de prendre des congés.

Eva : Je m'inquiète car je ne sais pas si tu pourras gérer le stress qui est associé à tes nouvelles responsabilités de gérant. Ces responsabilités et tes études vont probablement t'épuiser au fil du temps.

Jules : Tu as dit que tu serais prête à m'accorder une promotion sans hésiter, pas vrai ?

Eva : Je ne pensais pas que ce poste t'intéressait vraiment.

Jules : Moi non plus, jusqu'à récemment. J'ai l'impression de stagner en ce moment, alors je dois agir et économiser de l'argent pour pouvoir voyager à l'étranger.

Eva : Tu as dit que tu comptais partir pour voyager dans un an ?

Jules : C'est exact.

Eva : Eh bien, même si ce n'est que pour un an, je préfère avoir un gérant de manière temporaire que de ne pas en avoir du tout. Alors, c'est d'accord. Félicitations Jules! Tu es désormais gérant!

(Eva est visiblement ravie, elle tend la main et Jules tend également la sienne avec assurance. Ils échangent une poignée de main.)

Eva : Laisse-moi te faire visiter le bureau.
Jules : D'accord.

(Jules remarque une photo encadrée d'un adolescent sur le bureau, elle est dissimulée derrière d'énormes piles de documents.)

Eva : Je pense qu'il est important de te préciser que tu rempliras la plupart de tes fonctions de gérant dans ce bureau, et ta mission consiste principalement à superviser le personnel. Tu es plutôt doué pour les relations humaines, mais je dois te dire que c'est complètement différent !

Questions de compréhension

1. Quand quelque chose vous épuise, cela signifie que...

    A. Elle vous fait payer des frais.

    B. Elle vous donne de l'argent.

    C. Elle draine toute votre énergie.

    D. Elle vous fournit de l'énergie.

2. Faire quelque chose sans hésiter signifie...

    A. Le faire en étant effrayé(e).

    B. Le faire immédiatement.

    C. Le faire dans la panique.

    D. Le faire avec passion.

3. Qu'y-a-t-il sur le bureau d'Eva ?

    A. Des piles de papiers et un cadre qui contient une photo

    B. Des piles de papiers et un adolescent

    C. Des piles de billets de banque et l'autoportrait d'Eva

    D. Des piles de boîtes de pizza et du fromage brûlé

English Translation

(Jules is at the pizza shop, negotiating a promotion with Eva for a management position.)

Eva: Are you really sure? Don't do it if you're not 100 percent sure.

Jules: I'm 100 percent sure. I have to come up with money somehow, and this will also allow you to take time off.

Eva: I'm worried because I don't know if you can handle the stress that comes with your new responsibilities as a manager. These responsibilities and your schoolwork will likely wear you out over time.

Jules: You said you'd be ready to promote me with no hestitation, didn't you?

Eva: I didn't think you were really interested in the job.

Jules: Neither did I until recently. I feel like I'm stagnating right now, so I need to do something and save money to travel abroad.

Eva: You said that you were planning to leave a year from now to do that?

Jules: That's right.

Eva: Well, even if it's just a year, I'd rather have a temporary manager than none at all. So, it's settled. Congratulations Jules! You are now a manager!

(Eva is visibly delighted, she holds out her hand and Jules also holds out his confidently. They exchange a handshake.)

Eva: Let me show you around the office.

Jules: Sure thing.

(Jules notices a framed picture of a teenage boy on the desk, which is hidden behind massive stacks of paperwork.)

Eva: I think it's important to point out that you'll be doing most of your job as a manager in this office, and your main job is to supervise the staff. You're pretty good at handling people, but let me tell you, this is completely different!

CHAPITRE 28 :
VOTRE CONSULTATION
GRATUITE

(Jules est dans le bureau de la conseillère et il souhaite obtenir davantage d'informations concernant le programme d'études à l'étranger.)

Conseillère : Avez-vous déjà voyagé à l'étranger ?

Jules : Non, madame.

Conseillère : D'accord. Et à votre avis, qu'est-ce que notre programme peut vous apporter ?

Jules : Je pense qu'étudier à l'étranger m'aidera à trouver ma place dans le monde.

Conseillère : Je pense que c'est tout à fait possible. À présent, êtes-vous prêt à étudier et à apprendre une langue étrangère ?

Jules : Bien sûr.

Conseillère : Avez-vous de l'expérience concernant l'apprentissage des langues étrangères ?

Jules : J'ai suivi quelques cours d'anglais pendant ma scolarité.

Conseillère : Très bien. Avez-vous des questions à me poser concernant notre programme ?

Jules : J'aimerais savoir, comment êtes-vous devenue conseillère dans cet établissement ?

Conseillère : Oh ! Et bien, j'ai moi-même suivi un programme qui m'a permis d'aller étudier en Irlande, et ce voyage m'a beaucoup plu.

J'ai donc voulu aider les autres à vivre la même expérience, au moins une fois dans leur vie.

Jules : Ah, c'est formidable. Je peux vous poser une autre question ?

Conseillère : Bien sûr. Allez-y.

Jules : Avez-vous déjà eu le mal du pays lorsque vous étiez à l'étranger ?

Conseillère : Bien sûr ! Mais c'est un petit prix à payer pour profiter d'une expérience qui change la vie. Il y a un dicton qui résume bien la situation : nous devons toujours faire des sacrifices pour obtenir quelque chose qui en vaut vraiment la peine.

Questions de compréhension

1. Qu'est-ce que Jules espère obtenir en participant au programme d'études à l'étranger ?

    A. Il espère que ce programme l'aidera à trouver sa place dans le monde.

    B. Il espère que ce programme l'aidera à trouver le monde.

    C. Il espère que ce programme l'aidera à déplacer le monde.

    D. Il espère que ce programme l'aidera à placer son monde.

2. Quelle est l'expérience de Jules en matière d'apprentissage des langues étrangères ?

    A. Il n'a aucune expérience concernant l'apprentissage des langues étrangères.

    B. Il est ceinture noire en apprentissage des langues étrangères.

    C. Il a suivi quelques cours d'anglais pendant sa scolarité.

    D. Il a suivi des cours de karaté quand il était enfant.

3. Que signifie l'expression "avoir le mal du pays» ?

    A. Avoir la nostalgie de son pays lorsqu'on vit à l'étranger

    B. Ne plus supporter le logement qu'on occupe lorsqu'on vit à l'étranger

    C. Etre malade en restant chez soi

    D. Manquer une journée de travail parce qu'on est malade

English Translation

(Jules is at the counselor's office and wants more information about the study-abroad program.)

Counselor: Have you ever traveled abroad?

Jules: No, ma'am.

Counselor: OK. And what do you think our program can do for you?

Jules: I think studying abroad will help me find my place in the world.

Counselor: I think it's quite possible. Now, are you ready to study and learn a foreign language?

Jules: Of course.

Counselor: Do you have any experience in learning foreign languages?

Jules: I took a few English classes during school.

Counselor: Very well. Do you have any questions for me about our program?

Jules: I'd like to know something. How did you become a counselor at this place?

Counselor: Oh, well, I did a program myself that took me to Ireland to study, and I really enjoyed the trip. So I wanted to help others have the same experience, at least once in their lives.

Jules: Ah, that's great. Can I ask another question?

Counselor: Sure. Go ahead.

Jules: Have you ever been homesick when you were abroad?

Counselor: Of course! But it's a small price to pay to enjoy a life-changing experience. There's a saying that sums it all up: we always have to make sacrifices to get something truly worthwhile.

CHAPITRE 29 :
ENTRETIEN AVEC UN
POLYGLOTTE

(Pour en savoir plus sur l'apprentissage des langues, Jules a regardé des vidéos sur YouTube. Une vidéo spécifique attire son attention. Il s'agit de l'interview d'un polyglotte qui raconte comment il a fini par apprendre huit langues différentes.)

Journaliste : Vous dites que vous n'avez appris aucune de ces langues pendant votre scolarité ?

Polyglotte : C'est exact. L'anglais est la première langue étrangère que j'ai apprise. J'ai pris des cours d'anglais quand j'étais à l'école primaire, mais j'avais l'impression qu'on passait notre temps à mémoriser des listes de mots de vocabulaire et des règles de grammaire. Ces cours ne m'ont pas aidé à comprendre l'anglais ou à le parler couramment.

Journaliste : Alors, comment avez-vous appris tout cela ?

Polyglotte : À l'université, j'avais beaucoup de temps libre. J'en avais assez de regarder la télévision et des films et de jouer aux jeux vidéo après les cours. J'ai donc décidé de consacrer mon temps libre à une activité plus stimulante. J'ai pensé que la meilleure option était de faire tout mon possible pour apprendre l'anglais. Je passais tout mon temps libre à regarder des émissions télévisées et des films en anglais, sans sous-titres français.

Journaliste : Ouah. Est-ce que vous compreniez quelque chose quand vous avez commencé ?

Polyglotte : Pratiquement rien. C'était très difficile au début, mais c'était également très stimulant. Après quelques jours de visionnage, j'ai commencé à remarquer que certains mots et phrases étaient fréquemment répétés. Je les ai notés dans mon carnet et je les ai cherchés dans un dictionnaire en ligne à la fin de chaque émission. J'ai répété cette opération un nombre incalculable de fois. Après quelques mois, j'ai réalisé que je parvenais à comprendre 90 % des mots anglais qui étaient utilisés à la télévision et dans les films. Peu de temps après, j'ai commencé à parler cette langue sans aucune difficulté. Ce processus d'apprentissage m'a tellement impressionné que j'ai décidé d'utiliser la même technique pour apprendre autant de langues étrangères que possible.

Questions de compréhension

1. Pourquoi les cours d'anglais posaient-ils problème au polyglotte ?

    A. Ils étaient trop coûteux.

    B. Ils étaient trop ennuyeux et répétitifs.

    C. Il avait l'impression que les professeurs ne s'intéressaient pas à ce qu'ils enseignaient.

    D. Il avait l'impression que les élèves passaient leur temps à mémoriser des listes de mots et des règles de grammaire.

2. Comment le polyglotte a-t-il appris l'anglais à l'université ?

    A. Il passait tout son temps libre à étudier pour obtenir les meilleures notes en classe.

    B. Il passait tout son temps libre à regarder des émissions télévisées et des films en anglais sans sous-titres français.

    C. Il passait tout son temps libre à regarder des émissions télévisées et des films en anglais avec des sous-titres français.

    D. Il passait tout son temps libre à mémoriser des listes de mots de vocabulaire et des règles de grammaire.

3. Comment le polyglotte a-t-il appris d'autres langues étrangères ?

    A. Il notait constamment certains mots et certaines phrases.

    B. Il a réalisé qu'il pouvait comprendre 90 % de n'importe quelle autre langue après avoir appris l'anglais.

    C. Il répétait constamment les règles de vocabulaire et de grammaire jusqu'à ce qu'il les ait mémorisées.

    D. Il a utilisé la même technique pour apprendre autant de langues étrangères que possible.

English Translation

(To learn more about language learning, Jules watched videos on YouTube. One video in particular caught his attention. It's an interview with a polyglot who talks about how he came to learn eight different languages.)

Interviewer: You're saying you didn't learn any of these languages in school?

Polyglot: That's correct. English was the first foreign language I learned. I took English classes during grade school, but I felt like we spent our time memorizing vocabulary word lists and grammar rules. These classes didn't help me understand English or speak it fluently.

Interviewer: So, how did you learn all this?

Polyglot: In college, I had a lot of free time. I was tired of watching TV and movies and playing video games after school. So I decided to do something more challenging with my time. I thought the best option was to do everything I could to learn English. I spent all my free time watching TV shows and movies in English, with no French subtitles.

Interviewer: Wow. Did you understand anything at first?

Polyglot: Practically zero. It was very hard at first but also very exciting. After a few days of watching, I started noticing some words and phrases were frequently repeated. I wrote them down in my notebook and looked them up in an online dictionary at the end of each show. I repeated this countless times. After a few months, I realized I could understand 90 percent of the English words that were used in television and in movies. Shortly after, I began to speak the language without any difficulty. This learning process impressed me so much that I decided to use the same technique to learn as many foreign languages as possible.

DID YOU ENJOY THE READ?

Thank you so much for taking the time to read our book! We hope that you have enjoyed it and learned more about real French conversation in the process!

If you would like to support our work, please consider writing a customer review on Amazon. It would mean the world to us!

We read each and every single review posted, and we use all the feedback we receive to write even better books.

ANSWER KEY

Chapter 1:
1) B
2) D
3) C

Chapter 2:
1) A
2) B
3) C

Chapter 3:
1) D
2) D
3) C

Chapter 4:
1) B
2) A
3) D

Chapter 5:
1) C
2) D
3) C

Chapter 6:
1) A
2) D
3) D

Chapter 7:
1) D
2) A
3) D

Chapter 8:
1) B
2) A
3) B

Chapter 9:
1) C
2) A
3) D

Chapter 10:
1) B
2) B
3) C

Chapter 11:
1) C
2) A
3) C

Chapter 12:
1) A
2) B
3) B

Chapter 13:
1) D
2) B
3) D

Chapter 14:
1) C
2) C
3) C

Chapter 15:
1) A
2) C
3) A

Chapter 16:
1) D
2) A
3) B

Chapter 17:
1) B
2) A
3) B

Chapter 18:
1) D
2) D
3) D

Chapter 19:
1) B
2) D
3) B

Chapter 20:
1) A
2) D
3) C

Chapter 21:
1) A
2) B
3) C

Chapter 22:
1) C
2) B
3) A

Chapter 23:
1) B
2) B
3) B

Chapter 24:
1) A
2) A
3) B

Chapter 25:
1) D
2) C
3) D

Chapter 26:
1) B
2) C
3) B

Chapter 27:
1) C
2) B
3) A

Chapter 28:
1) A
2) C
3) A

Chapter 29:
1) D
2) B
3) D

Made in the USA
Coppell, TX
05 November 2021

65208850R00073